Fernando Azevedo
Alberto Filipe Araújo
Joaquim Machado de Araújo
Coordenação

# As vidas de Pinóquio
## Ecos Literários e Educacionais

2ª edição ampliada

Braga
Centro de Investigação em Estudos da Criança
Universidade do Minho

Esta obra foi financiada por Fundos Nacionais através da FCT (Fundação para a Ciência e a Tecnologia) e cofinanciado pelo Fundo Europeu de Desenvolvimento Regional (FEDER) através do COMPETE 2020 – Programa Operacional Competitividade e Internacionalização (POCI) no âmbito do CIEC (Centro de Investigação em Estudos da Criança da Universidade do Minho) com a referência POCI-01-0145-FEDER-007562

**FCT** Fundação para a Ciência e a Tecnologia
MINISTÉRIO DA CIÊNCIA, TECNOLOGIA E ENSINO SUPERIOR

COMPETE 2020  PORTUGAL 2020  UNIÃO EUROPEIA Fundo Europeu de Desenvolvimento Regional

Com o Patrocínio da

FONDAZIONE NAZIONALE
CARLO COLLODI

| | |
|---|---|
| Título: | **As vidas de Pinóquio. Ecos Literários e Educacionais** |
| Coordenação: | Fernando Azevedo, Alberto Filipe Araújo e Joaquim Machado de Araújo |
| Capa: | © Vladimir Gerasimov / Fotolia.com |
| Coleção: | Estudos Literários, 2 |
| Edição: | Braga: Centro de Investigação em Estudos da Criança (CIEC), Instituto de Educação - Universidade do Minho http://www.ciec-uminho.org/ |
| ISBN: | 978-972-8952-36-5 |
| Depósito Legal: | 399970/15 |
| Data: | 2015 (1ª edição) – 2018 (2ª edição) |

# Índice

# Nota de Abertura

Publicada a primeira edição em 1883, pela mão de Carlo Collodi, Pinóquio ganhou, desde então, uma fama e uma importância notáveis. Considerada uma obra prima da Literatura Italiana, *As Aventuras de Pinóquio* são, ainda hoje, motivo de reflexão e de debate, pelos horizontes múltiplos que propõem aos seus leitores.

Esta obra, escrita com a colaboração de especialistas das áreas da Literatura Infantil e do Imaginário Educacional, busca equacionar os contributos literários e educacionais de Pinóquio no século XXI.

No primeiro capítulo, intitulado *Pinóquio: breves apontamentos sobre um clássico contemporâneo*, Fernando Azevedo procede a uma reflexão sobre este clássico contemporâneo, enfatizando a sua importância enquanto texto que ajuda a pensar o que é ser humano e os dilemas que um sujeito em crescimento e em formação enfrenta.

Ângela Balça, no segundo capítulo, subordinado ao tema *As Aventuras de Pinóquio: representações dos estudantes universitários* analisa o clássico à luz das representações que dele têm estudantes universitários a frequentar um curso de licenciatura ligado à formação de professores e educadores. A autora explicita que muitas das representações do clássico derivam não do conhecimento da obra de Collodi, mas das releituras, reescritas e adaptações de que ela tem sido alvo, com particular destaque para as desenvolvidas pela indústria cultural da Walt Disney. Tal tornou-se patente, por exemplo, na descrição física da personagem, que remetia para a personagem criada pela indústria cinematográfica da Disney Pictures na película de 1940, ou na sua incapacidade em resumir a obra.

No terceiro capítulo, Sara Reis da Silva aborda a recepção contemporânea/moderna de *As Aventuras de Pinóquio,* de Carlo Collodi. Para o efeito, analisa algumas das suas mais conhecidas recriações gráficas (Sara Fanelli, Paula Rego, Roberto Innocenti e Susana Oliveira), explicitando que a composição pictórica, resultante de uma aproximação pessoal e criativa ao texto, materializa uma das leituras possíveis, concretizada por um leitor singular ou primeiro. Todas estas recriações gráficas denunciam, naturalmente, uma profunda intencionalidade: despertar emoções face ao texto clássico, mas também a pluri-isotopia e elevada plurissignificação do texto.

No quarto capítulo, intitulado *O Imaginário Lúdico nas Aventuras de Pinóquio de Carlo Collodi. A propósito do "teatrinho de fantoches",* Alberto Filipe Araújo propõe-se caraterizar o imaginário lúdico através do capítulo dedicado ao "teatrinho de fantoches" das *Aventuras de Pinóquio.* Com esse objetivo aborda a categoria de *mimicry* (simulacro), como uma das caraterísticas principais do imaginário lúdico, para melhor evidenciar a pertinência lúdica visível na obra de Carlo Collodi. Por último, o autor reflete sobre a natureza do imaginário lúdico, inscrita particularmente no capítulo acima referido, aberto ao olhar do imaginário educacional.

Joaquim Machado de Araújo, no quinto capítulo, defende que enquanto romance de formação, *As Aventuras de Pinóquio* contam o percurso evolutivo da formação de um ser, a quem, depois de lhe ser dada a forma física humana, falta a modelação moral para se tornar um rapaz de verdade e essa modelação passa por um processo que evolui da heteronomia para a autonomia. O autor assinala que a escola é uma utopia realizada pela modernidade em nome da promoção da utopia da igualdade dos cidadãos e que, enquanto organização social para a educação formal, não é da ordem da natureza, mas da cultura, o que ajuda a compreender a rejeição infantil do trabalho e da escola. Em seguida, distingue as características utópicas que Carlo Collodi imprime sobretudo à Terra da Brincadeira para evidenciar que a utopia já não mora aí (e, por isso, a obra é uma distopia) e interpreta a metáfora asinina atribuída a quem abandona a escola e os livros. Finalmente, sinaliza o papel regenerador da água como elemento de inversão de um processo, até então de degeneração, resultando deste elemento primordial um "segundo nascimento", que faz emergir o lado bom de Pinóquio e faz dele um rapaz bem-comportado, mas também evidencia a insuficiência atual dos "avisos" morais para evitar o abandono escolar e garantir a educação escolar.

No sexto capítulo, *Afinal, Pinóquio tinha razão? Imaginário educacional e pós-modernidade,* José Augusto Lopes Ribeiro problematiza a ideia de humanidade, buscando mostrar, num primeiro momento, em que medida este conto de aventuras pode ser enquadrado no projeto da Modernidade, enquanto crença no progresso e no poder da Razão para moldarem o mundo e o próprio Homem, e, num segundo momento, discutir as consequências negativas da Pós-modernidade nas sociedades contemporâneas, analisando de que modo estas foram fortemente abaladas e sofreram mudanças vertiginosas.

No ultimo capítulo, intitulado *João Faz-de-Conta, o irmão brasileiro de Pinóquio: das invencionices de Monteiro Lobato,* Eliane Debus analisa a versão brasileira do famoso boneco de madeira, revisitado por Monteiro Lobato, e aporta interessantes contributos desta personagem para o imaginário literário e educacional.

Os ensaios que aqui são apresentados, em segunda edição, ao leitor abordam, pois, questões pertinentes para o educador: o que é ser humano; o papel das recriações gráficas ou cinematográficas para a leitura que o sujeito faz do mundo; os lugares do imaginário lúdico face ao imaginário educacional; o papel do homem face à sociedade, à escola e à educação; os sentidos da liberdade e da utopia.

Esperamos que este conjunto de ensaios seja uma leitura agradável e profícua, capaz de sugerir, pelo entrecruzar de pontos de vista e argumentações, uma reflexão lata sobre o homem e o seu lugar no mundo, e a educação enquanto processo de enriquecimento e de construção do sujeito.


Fernando Azevedo
Alberto Filipe Araújo
Joaquim Machado de Araújo

# 1

## Pinóquio: breves apontamentos sobre um clássico contemporâneo [1]

*Fernando Azevedo*
Universidade do Minho

### Introdução

Pensar e reflectir acerca de *As Aventuras do Pinóquio* em pleno século XXI pode parecer ousado, mas a verdade é que este clássico da literatura juvenil[2], para além de continuar a seduzir gerações de leitores, nos apresenta ainda hoje uma série de reflexões que nos

---

[1] Azevedo, F. (2018). Pinóquio: breves apontamentos sobre um clássico contemporâneo. In F. Azevedo, A. F. Araújo e J. M. de Araújo (Coord.), *As vidas de Pinóquio. Ecos Literários e Educacionais* (pp. 5-10). Braga: Centro de Investigação em Estudos da Criança / Instituto de Educação. ISBN: 978-972-8952-36-5.

Este trabalho foi financiado por Fundos Nacionais através da FCT (Fundação para a Ciência e a Tecnologia) e cofinanciado pelo Fundo Europeu de Desenvolvimento Regional (FEDER) através do COMPETE 2020 – Programa Operacional Competitividade e Internacionalização (POCI) no âmbito do CIEC (Centro de Investigação em Estudos da Criança da Universidade do Minho) com a referência POCI-01-0145-FEDER-007562.

[2] São vários os autores que sublinham a qualidade e a importância desta obra no âmbito da literatura italiana. Fulvio Panzeri (1991) apresenta uma resenha de várias interpretações criativas a que essa personagem deu lugar.

A Fundação Nacional Carlo Collodi, com sede em Itália, apresenta na sua webpage, uma súmula das iniciativas e ex-libris relacionados com esta obra: http://www.pinocchio.it/

ajudam a pensar o mundo e aquilo que é a natureza humana. Pinóquio, o boneco articulado de madeira, vive uma série de prodigiosas aventuras, através das quais conhece e contacta com personagens-tipo que ajudam o jovem leitor a pensar o que é a humanidade e o que ela representa nos dias de hoje. E, no final, Pinóquio deseja, a todo o custo, ser um menino de verdade, mostrando que, apesar de tudo, apesar dos erros, quedas e situações disfóricas vividas, é sempre imperioso manter a dimensão humana.

Neste artigo, apenas realizaremos um breve apontamento sobre traços que potenciam linhas de leitura relevantes.

## Em busca da humanidade

*As Aventuras de Pinóquio*, de Carlo Collodi, representam uma nova forma de perceber a criança, os seus lugares na sociedade e o papel da literatura. Com efeito, num artigo consagrado ao estudo das obras *As Aventuras de Alice no País das Maravilhas* e *As Aventuras de Pinóquio*, Ann Lawson Lucas (1999) sublinha que nestas é concedida uma grande liberdade aos protagonistas, mostrando-os, em larga medida, emancipados do controlo dos adultos, de tal modo que eles agem como não modelos relativamente a uma certa visão didática e moralista que era comum na literatura italiana do século XIX, como resposta aos desafios educativos e sociais de luta contra o analfabetismo, que, à época, atingia 78% da população, e igualmente como estratégia de construção de uma certa identidade colectiva.[3] *As Aventuras de Pinóquio* mostram-nos, pois, um ser, sem

---

[3] "Tout ouvrage qui, de près ou de loin, renvoyait à une intention éducative, était considéré comme un ouvrage pour la jeunesse, sans grande considération pour les goûts et les capacités intellectuelles des enfants. Alors que la littérature romanesque en général était vue avec suspicion, et considérée comme un danger pour les enfants, les bonnes lectures devaient servir d'antidote, en leur inspirant de bonne heure «une aversion tout à fait providentielle pour

preocupações morais ou sociais, abrindo, com uma grande dose de humor, a porta ao picaresco e ao maravilhoso.

De facto, Pinóquio é apresentado como uma espécie de saltimbanco que, dotado de uma estranha pulsão, vaganbundea aparentemente sem destino[4] e, nessas múltiplas viagens, se mostra sujeito a violências várias, de que a metamorfose do corpo e de algumas das suas partes são bons exemplos. Mas todas estas acções mais não fazem que reconduzir a personagem para a busca da essencialidade: o desejo de ser humano, de ser um menino de verdade, de alcançar um estatuto de afecto e de emoção similar às outras crianças.

Nesta perspectiva, Ângelo Nobile (1992) considera que a obra mostra, de uma forma metafórica, o processo de maturação do indivíduo e ensina que a conquista da humanidade e da liberdade implica uma passagem da heteronomia à autonomia e a superação do princípio do prazer em favor do princípio de realidade[5].

Mas esta obra é também um texto onde, lúdica e humoristicamente se mostra a comédia humana. Nas suas viagens e aventuras, Pinóquio, um ser dotado de uma pureza e ingenuidade enormes, confronta-se com personagens boas (a Fada Azul, espécie de Mãe simbólica e protetora), mas também com personagens claramente desprovidas de carácter (a Raposa, o Gato, o comerciante de burros, etc), no fundo, com uma paleta de seres que representam os homens na sua dupla faceta.

---

cette littérature frivole et fausse qui ne se nourrit que des produits de l'imagination»". (Colin, 2002/4: 508).

[4] Nesta perspectiva, Beniamino Placido (1990: 49) aproxima a personagem Pinóquio dos jovens heróis da literatura norte-americana, uma vez que é mostrado, ao leitor, sempre "on the road".

[5] Daniel Nahum (1992: 30) considera que esta obra reproduz a ideologia básica da Bíblia. Para uma análise detalhada desta obra à luz dos princípios freudianos do prazer e da realidade, cf. Mark I. West (1988).

Nesta perspetiva, estas aventuras prodigiosas, assim como a metamorfose da personagem estão ao serviço de um projeto de aprendizagem e de evolução do sujeito e é neste sentido que a obra é, muitas vezes, reclamada para o domínio da *bildungsroman* (Wunderlich & Morrissey, 2002).

## As Aventuras do Pinóquio hoje

Ítalo Calvino (1982), num ensaio acerca do centenário da obra, considera-a um clássico e refere que a mesma, dada a sua qualidade, se emancipou do seu criador: Pinóquio é hoje unanimemente reconhecido, embora tal não sucede, de igual forma, com Collodi, o seu autor. De facto, são hoje múltiplas as adaptações a que o texto original de Collodi deu lugar[6], originando variantes significativas no desenvolvimento da diegesis, as quais, em alguns casos, alteraram significativamente a sua estrutura profunda, criando uma espécie de subtexto substancialmente afastado da versão original (Nahum, 1992: 30).

Assim, *As Aventuras de Pinóquio* são hoje um clássico da literatura infanto-juvenil, como afirmámos num outro lugar (Azevedo, 2013), que integra o conjunto daquelas obras magníficas de cuja leitura, como sublinhou Italo Calvino (1994), não é possível prescindir, ou, pelo menos, testemunhar publicamente que não se leu, sob pena de uma exclusão simbólica das práticas culturais que, num período de tempo, definem e caracterizam as sociedades. Neste sentido, esta obra de Collodi impôs-se como inesquecível e é hoje uma riqueza para quem a leu e a amou.

---

[6] Desde a sua publicação, a obra inspirou centenas de adaptações e referências sendo traduzida para os mais diferentes idiomas, contando já com mais de 200 línguas e dialectos. Para um cotejamento das diferenças/semelhanças entre a versão original e outras, nomeadamente a de Walt Disney, cf. Amanda Magalhães, Eduarda Moura, Felipe Cohen & Luísa Moscoso (2005).

Jack Zipes (1999: 144), sublinha que a popularidade de que tem gozado esta obra se deve, em larga medida, ao facto de ela constituir uma narrativa simbólica da infância que conseguiu transcender as suas origens italianas e dialogar com um público leitor vasto, mostrando que qualquer um, inclusive um pedaço de madeira, possui potencialidades para ser bom, humano e socialmente útil.

Tal como os clássicos[7], que têm a particularidade de, a cada nova revisitação, prometerem, aos seus leitores, novas veredas significativas, também *As Aventuras de Pinóquio* têm sido alvo de numerosos estudos e pesquisas, que vêm propondo inovadoras cartografias para um seu conhecimento pleno.

## Referências

Azevedo, F. (2013). *Clássicos da Literatura Infantil e Juvenil e a Educação Literária*. Guimarães: OperaOmnia.

Calvino, I. (1982). Pinocho o las andanzas de un pícaro de madera. *El correo de la Unesco*, 6, 11-14.

Calvino, I. (1994). *Porquê ler os clássicos?* Tradução de José Colaço Barreiros. Lisboa: Teorema.

Colin, M. (2002/4). La naissance de la littérature romanesque pour la jeunesse au XIX^e siècle en Italie; entre L'Europe et la nation. *Revue de littérature comparée*, 304, 507-518.

Gangi, J. M. (2004/2005). Childhood readers of the classics: a narrative and biographical account. *The women in literacy and life assembly of the national council of teachers of English*, 14, 18-25.

Lucas, A. L. (1999). Enquiring mind, rebellious spirit: Alice and Pinocchio as nonmodel children. *Children's Literature in Education*, 30 (3), 157-169.

---

[7] Os clássicos correspondem às colecções de textos que as comunidades decidiram preservar e honrar pelo seu valor especial (Miner, 1987), já que nelas ecoam as questões e as emoções mais profundas que definem e caracterizam a humanidade (Gangi, 2004/2005).

Magalhães, A.; Moura, E.; Cohen, F. & Moscoso, L. (2005). As verdades nas mentiras de Pinóquio. Entrelinhas fabulosas que influenciam nossas vidas. *Eclética*, 43-46. [Em linha] Documento *online* disponível em: http://puc-riodigital.com.puc-rio.br/media/11%20-%20as%20verdades%20nas%20mentiras%20de%20pinóqui o.pdf

Miner, E. (1987). Some theoretical and methodological topics for comparative literature. *Poetics Today*, 8 (1), 123-140.

Nahum, D. (1992). Pinocho: una lectura del nivel mítico. *Boletín de A.U.L.I.*, 23, 30-32.

Nobile, A. (1992). *Literatura Infantil y Juvenil. La infancia y sus libros en la civilización tecnológica*. Madrid: Morata/M.E.C.

Panzeri, F. (1991). Rivisitando Pinocchio: una rassegna di interpretaziono creative del personaggio di Collodi. *Sfoglialibro: La biblioteca dei ragazzi*, 2, 26-29.

Plácido, B. (1990). *Tre divertimenti. Variazioni sul tema dei promessi sposi di Pinocchio di orazio*. Bologna: Il Mulino.

West, M. I. (1988). From the pleasure principle to the reality principle: Pinocchio's psychological journey. In S. R Gannon & R. A. Thompson (Eds.), *Proceedings of the Thirteenth Annual Conference of the Children's Literature Association* (pp. 112-115). West Lafayette: Education Dept., Purdue University.

Wunderlich, R. & Morrissey, T. (2002). *Pinocchio goes postmodern. Perils of a puppet in the United States*. New York and London: Routledge.

Zipes, J. (1999). *When dreams came true. Classical fairy tales and their tradition*. New York & London: Routledge.

# 2

# *As Aventuras de Pinóquio*: representações dos estudantes universitários [8]

*Ângela Balça*
Universidade de Évora

A obra *As Aventuras de Pinóquio* foi escrita pelo escritor italiano Carlo Lorenzini (sob o pseudónimo de Carlo Collodi) e publicada inicialmente em capítulos, no jornal *Giornale per i Bambini* entre 1881 e 1883. Em 1883, esta obra foi publicada em livro, com ilustrações de Enrico Mazzanti, sendo hoje considerada pela sociedade um clássico da Literatura para a Infância.

De acordo com Costa (2013: 45), um texto é um clássico quando existe "a noção do texto que suporta ou se presta de forma

---

[8] Balça, A. (2018). As Aventuras de Pinóquio: representações dos estudantes universitários. In F. Azevedo, A. F. Araújo e J. M. de Araújo (Coord.), *As vidas de Pinóquio. Ecos Literários e Educacionais* (pp. 11-25). Braga: Centro de Investigação em Estudos da Criança / Instituto de Educação. ISBN: 978-972-8952-36-5.

Este trabalho foi financiado por Fundos Nacionais através da FCT (Fundação para a Ciência e a Tecnologia) e cofinanciado pelo Fundo Europeu de Desenvolvimento Regional (FEDER) através do COMPETE 2020 – Programa Operacional Competitividade e Internacionalização (POCI) no âmbito do CIEC (Centro de Investigação em Estudos da Criança da Universidade do Minho) com a referência POCI-01-0145-FEDER-007562.

particular à releitura, do texto que assume esse estatuto patrimonial que implicará a impossibilidade de que as gerações futuras possam ser privadas do seu contacto." Neste sentido, um clássico é "o texto que, pela intemporalidade da sua voz, não necessita de atualização para poder fazer-se presente no presente." (Costa, 2013: 46)

Parece ser este o caso de *As Aventuras de Pinóquio*. Objeto de múltiplas edições, de inúmeras traduções para várias línguas, a obra de Carlo Collodi é também alvo de variadíssimas releituras que têm em conta as convenções do polissistema da Literatura para a Infância, "em termos de processos de adaptação e de reescrita em função do leitor-modelo." (Azevedo, 2013: 22)

Todavia, no conhecimento de alguns textos de Literatura para a Infância, como é o caso de *As Aventuras de Pinóquio*, o papel do cinema, e do estúdio *Walt Disney Pictures* em particular, também foi, certamente, determinante. Ao definir os textos a integrar num *corpus* de clássicos da Literatura Infantil e Juvenil, Azevedo (2013) afirmava a importância do "papel das transposições cinematográficas que, em articulação com outros factores, tem contribuído para popularizar determinados textos, permitindo-lhes adquirir uma relevância e uma revisitação por comunidades de leitores cada vez mais expressivas" (Azevedo, 2013: 22).

De acordo com Giroux (2001: 100), os filmes produzidos pela *Walt Disney Pictures* unem "con éxito consumo y cine (...) ofrecen un "mercado de cultura", una plataforma de lanzamiento de produtos y artículos diversos, incluyendo vídeos, discos con las bandas sonoras, ropa para niños, mobiliario, muñecos de trapo y nuevas atracciones en los parques temáticos."

Este é também o mundo de *As Aventuras de Pinóquio* e não esquecemos que as releituras, reescritas, adaptações desta obra incluem ainda outras manifestações artísticas como o teatro (veja-se as encenações de Fernando Gomes do Teatro da Malaposta ou de Filipe La Féria do Teatro Politeama); a ilustração e a pintura (note-se as ilustrações de Paula Rego, para esta obra, numa edição da Editora Cavalo de Ferro); ou a banda desenhada.

Na verdade, Azevedo (2013), parafraseando um ensaio de M. Laparra (1996), afirma que este autor chamava a atenção para o facto de ser habitual os adultos considerarem que tinham lido obras originais, quando na verdade o seu conhecimento dessas obras provinha apenas de terem lido ou visto reescritas e adaptações desses textos.

Parece-nos, pois, que quer as releituras de uma determinada obra que contribuem certamente para que certos textos adquiram um estatuto patrimonial, com marcas de intemporalidade, quer o papel desempenhado pela Sétima Arte, que muitas vezes catapulta certa obra para patamares mundiais de conhecimento, coadjuvado com um *marketing* feroz em redor das películas, levam com certeza a sociedade e a escola a considerar esses textos imprescindíveis para a formação do cidadão e do leitor mais jovem.

Assim, não será certamente de admirar que as Metas Curriculares de Português para o Ensino Básico tenham colocado em cena, no 3.º ano de escolaridade, na lista de obras e textos para a Educação Literária, a obra de Carlo Collodi, *As Aventuras de Pinóquio*, numa tradução de José Colaço Barreiros, com ilustrações de Manuela Bacelar, da Editorial Caminho. Não sendo objeto deste estudo um olhar sobre as Metas Curriculares, percebemos, todavia, que nas listas para o novo domínio da Educação Literária há uma aposta em autores e obras que poderíamos designar como clássicos da Literatura para a Infância.

A presença de clássicos da Literatura para a Infância e a Juventude tem sido sempre uma constante nos documentos orientadores/listas de livros mais recentes que se destinam à comunidade educativa em geral, nomeadamente nas listas do Plano Nacional de Leitura. Todavia, nas Metas Curriculares de Português para o Ensino Básico parece haver, por vezes, algum desfasamento entre as obras propostas e a idade/nível de compreensão de leitura das crianças, como acontece com a obra *As Aventuras de Pinóquio*. De facto, a obra proposta tem um elevado número de páginas para as crianças desta idade (248 páginas) e é constituída por mais de 30 capítulos. Para além deste aspeto, de acordo com Araújo e Ribeiro (2012), a obra de Carlo Collodi deve ser lida como um romance de formação (*Bildungsroman*), onde o "herói, o itinerário iniciático e a realização do destino do herói" são as marcas relevantes (Araújo e Ribeiro, 2012: 47), mais em conformidade, cremos, com crianças mais velhas ou mesmo pré-adolescentes. Azevedo (2013), parafraseando Wunderlich & Morrissey (2002), afirma que estes autores consideram que a maioria dos adultos norte-americanos pensa que esta obra não é adequada para crianças, dado o seu nível de violência (em comparação com as películas da *Walt Disney Pictures*); Azevedo (2013: 55) afirma também que "a obra é comummente percecionada como não confortável ou não securizante".

O estudo que agora apresentamos foi então suscitado por dois fatores muito próximos. Em primeiro lugar, pelo facto de termos estudantes em Prática de Ensino Supervisionada numa turma do 3.º ano de escolaridade, cuja obra *As Aventuras de Pinóquio* tinha sido selecionada para a leitura no domínio da Educação Literária; por outro lado, e decorrente do fator anterior, pelo nosso interesse em perceber o que conheciam os nossos alunos sobre Pinóquio.

Desde há alguns anos lecionamos, quer na Licenciatura em Educação Básica quer no Mestrado em Educação Pré-Escolar e em Ensino do 1.º Ciclo do Ensino Básico, as unidades curriculares relacionadas com a Didática da Língua Materna e, pontualmente, a unidade curricular de Literatura para a Infância. Em todas as unidades curriculares temos no programa a promoção de uma Educação Literária, com o intuito de introduzir os alunos no mundo da Literatura e da Cultura, particularmente no mundo da Literatura para a Infância. Para além do trabalho com autores e ilustradores nacionais contemporâneos, procuramos convocar para

14

as nossas aulas autores e ilustradores estrangeiros igualmente atuais, mas não esquecemos a literatura tradicional e os clássicos que constituem hoje o cânone da literatura para a infância.

Principalmente, nos alunos da Licenciatura em Educação Básica, notamos um grande desconhecimento na área da Literatura para a Infância e, quando lançamos o desafio de que partilhem livros connosco, normalmente acontecem duas situações: ou os alunos ignoram o nosso convite ou trazem livros para partilhar profundamente estereotipados, que correspondem, muitas vezes, a desenhos animados que estão na moda entre as crianças.

A nossa preocupação centrou-se nos nossos alunos, sobretudo porque eles vão ser os futuros docentes a entrar no mercado de trabalho e serão os futuros mediadores de leitura junto das crianças, mediadores de leitura estes que deverão ser dotados de um conjunto de conhecimentos e competências sólidos em redor da Leitura e da Literatura.

## O estudo

Assim, partimos para um estudo exploratório. Gil (1999: 43) afirma que "este tipo de pesquisa é realizado especialmente quando o tema escolhido é pouco explorado e torna-se difícil sobre ele formular hipóteses precisas e operacionalizáveis. De acordo com Richardson (1999), o estudo exploratório torna-se pertinente em dois momentos: por um lado quando os investigadores se propõem conhecer uma determinada realidade; por outro lado, quando os investigadores não possuem muita informação sobre essa realidade que está no centro da investigação. Deste modo, pareceu-nos ser este o tipo de metodologia mais adequada ao estudo que nos propúnhamos desenvolver.

As nossas hipóteses de partida, neste estudo, foram:

1) O que conhecem os alunos do ensino superior, futuros educadores de infância e professores do 1.º Ciclo do Ensino Básico (1.º CEB), sobre Pinóquio?

2) Será que a presença da indústria do entretenimento *Disney* se faz sentir junto destes estudantes, no que ao Pinóquio diz respeito?

O estudo tinha então como objetivos conhecer o que sabiam os futuros educadores de infância e professores do 1.º CEB sobre Pinóquio e perceber se existia influência da *Walt Disney Pictures*, junto destes estudantes, relativamente ao Pinóquio.

Como instrumento de recolha de dados, recorremos ao inquérito por questionário. O nosso instrumento de recolha de dados era constituído por 6 questões fechadas e 2 questões abertas. As questões fechadas incidiam sobre o autor, a obra e os produtos culturais em redor de Pinóquio; já com as questões abertas procurávamos compreender as representações que os estudantes tinham da personagem e da obra em si.

A nossa amostra era constituída por 40 alunos da Universidade de Évora, assim distribuídos: 21 estudantes da Licenciatura em Educação Básica (LEB) e 18 alunos do Mestrado em Educação Pré-Escolar e em Ensino do 1.º Ciclo do Ensino Básico (MPREPRI).

**Análise e discussão dos resultados**

Passamos agora à análise e discussão dos resultados obtidos neste estudo exploratório. O primeiro conjunto de questões centrava-se na identificação da personagem, obra e autor de *As Aventuras de Pinóquio*, com o objetivo de perceber se os estudantes conheciam este clássico da Literatura para a Infância.

Assim, em relação à personagem Pinóquio, 100% dos estudantes da LEB e 100% dos alunos do MPREPRI sabiam quem era Pinóquio. Mas apesar dos alunos conhecerem a personagem

Pinóquio, 100% dos estudantes da LEB e 100% dos alunos do MPREPRI nunca tinham lido a obra original, publicada em Itália, por Carlo Collodi, em 1883 e objeto de várias traduções para português, nomeadamente de José Colaço Barreiros para a Editorial Caminho ou de Margarida Periquito, para a Editora Cavalo de Ferro. Quando perguntámos aos alunos se conheciam o autor da obra original *As Aventuras de Pinóquio*, apenas 5% dos estudantes da LEB sabia quem era o autor; 100% dos alunos do MPREPRI desconhecia quem era o autor desta obra.

De facto, estes dados não nos surpreendem e podem ter eventuais justificações que vão certamente desde os fracos hábitos de leitura destes estudantes até ao contacto dos mesmos com múltiplas reescritas e adaptações literárias e/ou cinematográficas ou várias campanhas de marketing e publicidade que lhes permitem conhecerem a personagem sem necessitarem de ler a obra original.

As questões seguintes centravam-se nas reescritas da obra *As Aventuras de Pinóquio*, pois pretendíamos compreender se estas reescritas faziam parte do repertório de leituras dos estudantes e se tinham contribuído para o conhecimento da existência da obra em causa. Nas respostas dadas pelos estudantes, notámos que havia algum conhecimento destas adaptações. Deste modo, 33% dos alunos da LEB tinham lido uma reescrita da obra de Collodi; o mesmo se passava com 44% dos estudantes do MPREPRI.

Gráfico 1 - Leitura de reescritas da obra *As Aventuras de Pinóquio*

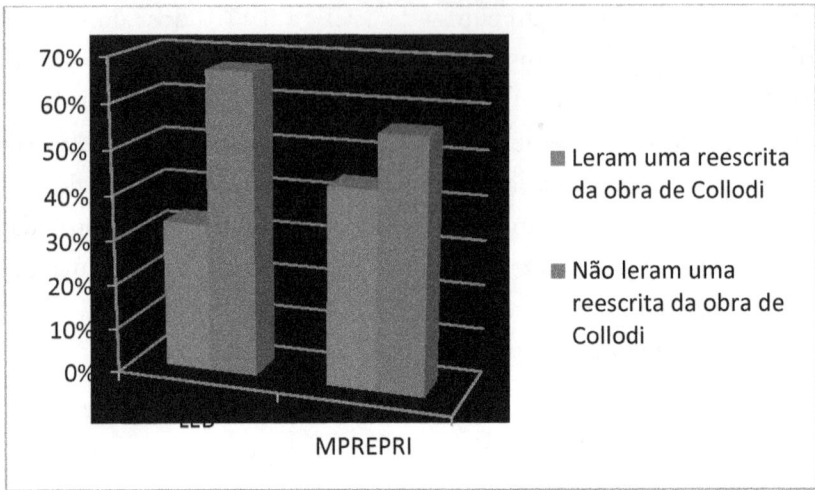

Na tentativa de averiguarmos qual a presença da indústria de entretenimento *Disney*, no que ao Pinóquio diz respeito, perguntámos se os alunos tinham lido alguma reescrita com esta chancela. Assim, 28% dos estudantes da LEB responderam que tinham lido uma adaptação da *Walt Disney Pictures*, o mesmo sucedendo a 14% dos alunos do MPREPRI.

Gráfico 2 - Leitura de reescritas da obra *As Aventuras de Pinóquio* com a chancela da *Walt Disney Pictures*

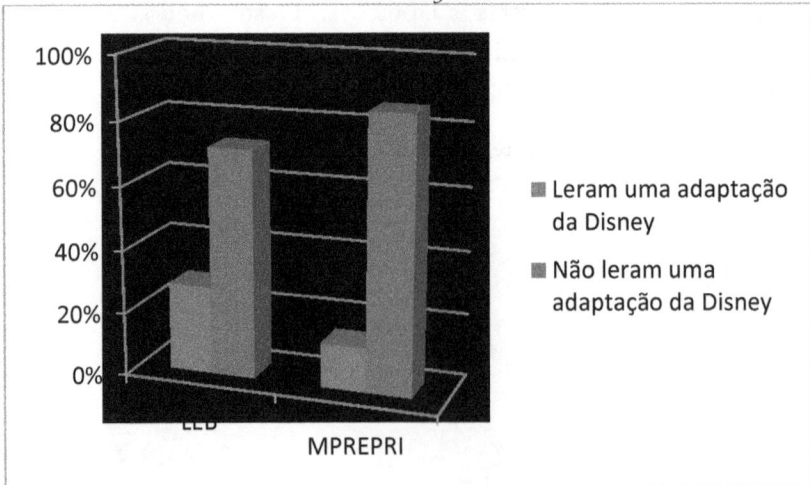

Na verdade, estes dados vão também ao encontro das expetativas que tínhamos em relação a estas respostas, dado que o mercado editorial português apresenta inúmeras reescritas de *As Aventuras de Pinóquio*, para várias faixas etárias, disponíveis e ao alcance das crianças e dos jovens em várias bibliotecas escolares e bibliotecas municipais, sendo que algumas delas ostentam a chancela da *Walt Disney Pictures*.

Outro conjunto de questões concentrava-se nas adaptações cinematográficas da obra de Carlo Collodi e com estas perguntas pretendíamos perceber qual a importância e o impacto da Sétima Arte no conhecimento, por parte destes estudantes, da obra em apreço. Assim perguntámos se os alunos tinham visto alguma adaptação para o cinema desta obra. As respostas mostraram-nos que 90,5% dos alunos da LEB e 89% dos estudantes do MPREPRI tinham visto uma adaptação para o cinema de Pinóquio.

Gráfico 3 - Visualização de uma adaptação para o cinema de *As Aventuras de Pinóquio*

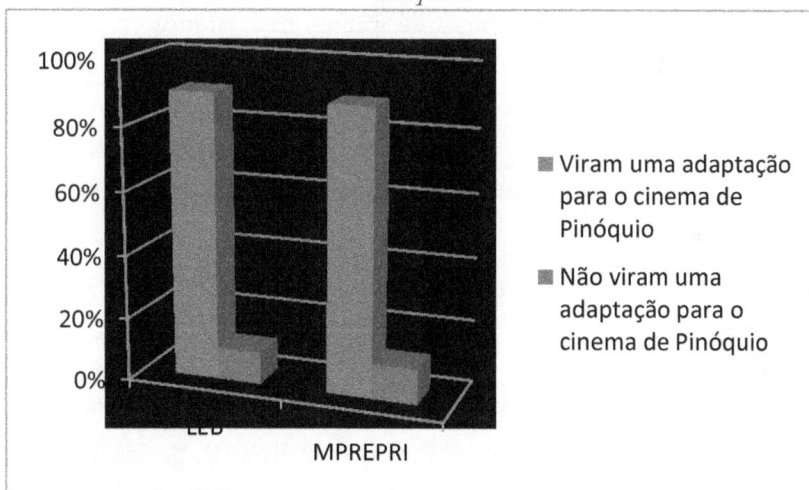

Mais uma vez tentámos perceber a influência da indústria de entretenimento *Disney* nestes alunos. De facto, 33% dos alunos da LEB e 78% dos estudantes do MPREPRI tinham visto uma adaptação para o cinema de Pinóquio, da responsabilidade da *Walt Disney Pictures.*

Gráfico 4 - Comparação das visualizações da adaptação para o cinema de *As Aventuras de Pinóquio* entre versões da *Walt Disney Pictures* e de outras produtoras

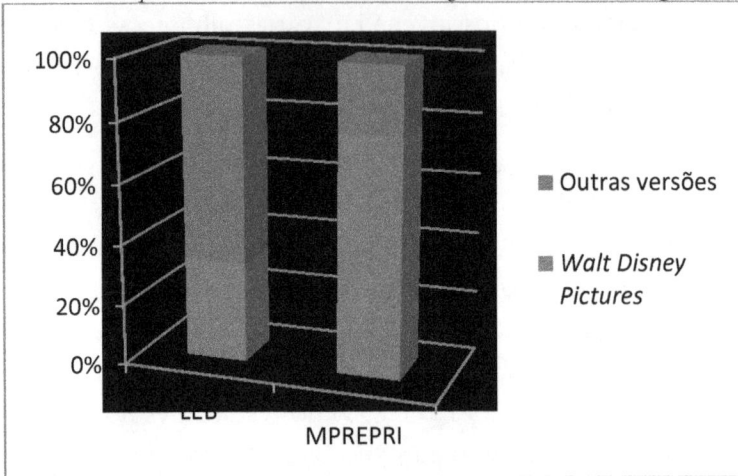

Na análise das respostas a este conjunto de questões, gostaríamos de salientar o facto de muitos mais alunos terem visto uma adaptação para cinema de *As Aventuras de Pinóquio* do que terem lido uma reescrita da obra mencionada. Mais uma vez, afigura-se-nos que estes resultados vão ao encontro de uma sociedade marcada pelo audiovisual e por uma cultura de massas e de consumo.

Na primeira questão aberta do nosso inquérito por questionário, procurámos que os estudantes nos descrevessem a personagem Pinóquio, no sentido de percebermos qual era a sua representação sobre a mesma. A esta questão respondeu 100% quer dos alunos da LEB quer dos alunos do MPREPRI. A descrição da personagem Pinóquio apresentava alguns dos traços revelados na obra, como por exemplo em:

A2 – "O Pinóquio era um boneco de madeira que graças à sua fada madrinha ganhou vida. O Pinóquio tinha uma particularidade, cada vez que mentia o seu nariz, crescia." (LEB)

20

M2 – "É um rapaz de madeira, com um nariz que cresce sempre que ele diz mentiras. Ele é curioso, teimoso, mentiroso, desobediente, porém quer ser um menino normal e para isso tem de obedecer ao pai." (LEB)

Porém, quando os estudantes entram na descrição física de Pinóquio encontramos os traços que correspondem à imagem da personagem lançada pela *Walt Disney Pictures*, na longa-metragem de 1940:

Q2 – "É um boneco de madeira que costuma ter calças vermelhas, blusa amarela e chapéu também amarelo e tem o nariz grande." (LEB)
B2 – "O Pinóquio era inicialmente um boneco de madeira com vida. Tinha uns calções vermelhos, olhos claros. (...)" (MPREPRI)

As descrições dos estudantes revelaram um aspeto muito interessante. Muitas películas da *Walt Disney Pictures*, baseadas em textos clássicos, foram um sucesso retumbante, sucesso esse que ainda hoje se concretiza na imagem da personagem Pinóquio, presente ou inspiradora das figuras atuais, nos mais diversos suportes e materiais.

O nosso questionário solicitava ainda a escrita de um resumo da obra *As Aventuras de Pinóquio*. Com este resumo pretendíamos perceber até que ponto, através da leitura e/ou visualização de Pinóquio, os estudantes se tinham apropriado desta obra e do seu contexto. Muitos alunos não conseguiram elaborar este resumo, apresentando nas suas respostas apenas algumas ideias sobre a obra (71% LEB; 72% MPREPRI); todavia 24% dos estudantes da LEB e 17% do MPREPRI elaboraram pequenos textos, que considerámos um resumo da obra:

I 8 – "Pinóquio é um boneco de madeira que ganha vida através de um desejo. Tem um amigo que é o grilo, que se intitula de consciência de Pinóquio e cada vez que Pinóquio mente o seu nariz cresce. Um dia ao ir para a escola é aliciado por duas pessoas a ir com elas para uma cidade maravilhosa onde as crianças tinham tudo e podiam fazer tudo. Pinóquio aceita e Gepeto fica muito preocupado que não sabe onde está o seu filho e vai à sua procura quando é engolido por uma baleia. Na cidade maravilha Pinóquio percebe que algo está errado e foge. Quando foge já está meio transformado em burro. Pinóquio acaba por encontrar Gepeto e a fada concede-lhe o desejo de se tornar um menino de verdade." (LEB)

O 8 – "Um certo dia um homem (Gepeto) queria ter um filho, então decidiu criar um boneco/uma marionete feita de madeira. Um dia apareceu uma fada madrinha que lhe deu vida e lhe disse que se mentisse o seu nariz crescia. Então, o Pinóquio dizia que ia para a escola, mas ia com más companhias para outros locais (terra da brincadeira e dos doces). Numa certa altura zangou-se com o seu "pai" agarrou num barco e foi para o mar. Gepeto foi atrás dele e acabaram os dois por ser engolidos por uma baleia. Quando chegou a casa Pinóquio arrependeu-se de tudo o que tinha feito e durante a noite a fada madrinha apareceu e transformou Pinóquio num menino de verdade. Quando acordou, Gepeto deu pulos de alegria pois o seu sonho tinha-se tornado realidade." (MPREPRI)

Parece-nos que os resumos, considerados por nós e dos quais apresentamos dois exemplos, mostram que os estudantes conhecem as personagens mais importantes da obra bem como diversos passos da ação. Cremos também que estes estudantes conhecem determinados traços da personalidade de Pinóquio bem como algumas das suas características físicas. Por fim, estes resumos mostram-nos que estes alunos estão despertos para aspetos ideológicos presentes na obra. Contudo, embora o total da amostra tenha respondido que conhecia a personagem Pinóquio; 33% dos alunos da LEB e 44% dos do MPREPRI tenha lido uma reescrita de *As Aventuras de Pinóquio*; e 90,5% dos estudantes da LEB e 89% dos do MPREPRI tenha respondido que viu uma adaptação cinematográfica da obra, poucos foram aqueles que conseguiram elaborar pequenos textos, onde se pretendia um resumo deste clássico.

# Conclusões

Na verdade, a figura Pinóquio é muito explorada na sociedade contemporânea e a obra original de Carlo Collodi apresenta traduções para português, reescritas para os mais novos, e adaptações cinematográficas para todas as idades. Pinóquio surge ainda em múltiplas campanhas de *marketing* e publicidade.

Com este breve estudo exploratório pudemos chegar a determinadas conclusões, obviamente sem validade para serem generalizadas, mas que nos darão algumas pistas quando cruzadas com outros estudos sobre a(s) mesma(s) temática(s) em geral.

Assim, podemos afirmar que todos os estudantes conhecem a personagem Pinóquio e todos foram capazes de a descrever. Muito embora os estudantes conheçam a existência de uma obra escrita, há uma ausência de leitura da obra original *As Aventuras de Pinóquio*, apesar das diversas traduções existentes no mercado. Os dados mostram-nos também um desconhecimento praticamente total do autor da obra *As Aventuras de Pinóquio*.

Este estudo exploratório mostrou-nos ainda uma presença/influência da *Walt Disney Pictures* no conhecimento de Pinóquio, por exemplo ao nível da descrição física da personagem, que remetia muito concretamente para a personagem criada por esta indústria na película de 1940. A presença desta potente indústria de entretenimento fazia-se ainda sentir na leitura, pelos estudantes, de adaptações escritas e na visualização de películas, baseadas na obra de Carlo Collodi.

De facto, outros estudos revelam-nos a influência da *Walt Disney Pictures* no conhecimento dos clássicos da Literatura para a Infância e a Juventude. Numa investigação com alunos universitários, futuros docentes, Jerez e Encabo (2010: 151), mostram-nos que os contos tradicionais estão presentes no intertexto leitor destes jovens, muitas vezes através da linguagem da televisão ou do cinema, "La realidad nos indica que este alumnado, generación correspondiente a finales del siglo XX y comienzos del XXI, recibe la influencia de los medios de comunicación y sigue siendo partícipe de la aportación de Disney (…)."

Apesar de existir entre os estudantes algum conhecimento deste clássico, muito poucos foram aqueles que conseguiram elaborar um resumo do mesmo, o que certamente nos diz que as representações destes alunos sobre a obra de Carlo Collodi são frágeis e superficiais, exigindo, por exemplo, em contexto de Prática de Ensino Supervisionada, uma leitura e um trabalho aprofundado sobre o texto.

Os dados deste estudo exploratório levaram-nos ainda a outras reflexões que podem auxiliar a enformar a nossa posição como docentes do ensino superior. Parece-nos absolutamente indispensável que o docente conheça não só os clássicos da Literatura para a Infância e a Juventude mas também as releituras, reescritas, adaptações literárias e cinematográficas destas obras, nomeadamente as produzidas pela *Walt Disney Pictures*. Acreditamos que será este conhecimento que nos permitirá aligeirar o preconceito em relação às obras produzidas pela indústria de entretenimento *Disney* e, deste modo, possibilitará uma aproximação às jovens gerações, trabalhando com elas estes produtos. Como afirma Giroux (2001: 105), "los profesores y los críticos pueden analizar las películas de Disney desde un punto de vista pedagógico para que los estudiantes y otros interesados puedan interpretar estas películas dentro, contra y fuera de los códigos dominantes que las conforman." Consideramos, por isso, essencial a aproximação e o trabalho, com os estudantes, com as obras originais, numa leitura que lhes possibilitará, seguramente, o conhecimento do texto clássico e um trabalho intertextual entre reescritas do mesmo.

# Referências

Araújo, A. F. & Ribeiro, J. A. (2012). *As Aventuras de Pinóquio* à luz do imaginário educacional. *Revista Lusófona de Educação*, 22, 39-53. [Em linha] Documento *online* disponível em: http://www.scielo.mec.pt/pdf/rle/n22/n22a03.pdf

Azevedo, F. (2013). *Clássicos da Literatura Infantil e Juvenil e a Educação Literária*. Guimarães: Opera Omnia.

Costa, P. (2013). Literatura, cânone, clássicos. In A. Balça e M. N. C. Pires. *Literatura infantil e juvenil. Formação de leitores* (pp. 31-50). Carnaxide: Santillana.

Gil, A. C. (1999). *Métodos e técnicas de pesquisa social*. 5ª ed. São Paulo: Atlas.

Giroux, H. A. (2001). *El ratoncito feroz. Disney o el fin de la inocencia*. Madrid: Fundación Germán Sánchez Ruipérez.

Jerez, I. & Encabo, E. (2010). La recepción del cuento clásico de la Cenicienta por parte del alumnado de magisterio de educación infantil de la Universidad de Murcia: la tradición en entredicho? In M. Campos F.-Fígares (Ed.) *Por qué narrar? Cuentos contados y cuentos por contar* (pp. 147-156). Cuenca: Universidad de Castilla-La Mancha.

Richardson, R. (1999). *Pesquisa social: métodos e técnicas*. 3ª ed. São Paulo: Atlas.

# 3

# A recepção de *As Aventuras de Pinóquio* por ilustradores do século XXI [9]

*Sara Reis da Silva*
Universidade do Minho

## Notas introdutórias

Vários têm sido os estudos em torno da questão da recepção contemporânea/moderna de *As Aventuras de Pinóquio* (1883). Talvez o mais profundo e estimulante, no nosso entender, porque, assente numa análise interartística, coloca em diálogo a literatura, o teatro e o cinema, entre outros, seja *Pinocchio, Puppets, and Modernity* (Routledge, 2012), volume coordenado/editado por Katia Pizzi, no qual se regista, a partir de uma pluralidade de discursos, a identificação do herói com «a figure characterized by a "fluid

---

Este ensaio encontra-se escrito segundo a antiga norma ortográfica.

Silva, S. (2018). A recepção de As Aventuras de Pinóquio por ilustradores do século XXI. In F. Azevedo, A. F. Araújo e J. M. de Araújo (Coord.), *As vidas de Pinóquio. Ecos Literários e Educacionais* (pp. 27-37). Braga: Centro de Investigação em Estudos da Criança / Instituto de Educação. ISBN: 978-972-8952-36-5.

Este trabalho foi financiado por Fundos Nacionais através da FCT (Fundação para a Ciência e a Tecnologia) e cofinanciado pelo Fundo Europeu de Desenvolvimento Regional (FEDER) através do COMPETE 2020 – Programa Operacional Competitividade e Internacionalização (POCI) no âmbito do CIEC (Centro de Investigação em Estudos da Criança da Universidade do Minho) com a referência POCI-01-0145-FEDER-007562.

identity", informed with transition, difference, joie de vivre, otherness, displacement, and metamorphosis», fazendo dele «a truly modern, indeed postmodern and posthuman, cultural icon.»

Consensualmente reconhecido, o legado transcultural de *As Aventuras de Pinóquio* corporiza-se, de modo significativo, nas próprias imagens ou ilustrações que, desde a sua primeira edição em livro (1883), o distinguiram.

Para um leitor menos especializado – chamemos-lhe assim - , infantil ou adulto, talvez não seja não fácil alhear-se/afastar-se dessa conhecida e forte "imagem global" – chamemos-lhe assim também – de Pinóquio e das suas aventuras. Referimo-nos à célebre animação produzida, em 1940, pelos Estúdios Disney[10], amplamente difundida, vista e revista por sucessivas gerações, uma recriação, que, como escreve Ana Maria Machado, sendo «muito graciosa, mas inteiramente deturpada» (Machado, 2002: 119), impôs, em última análise, uma representação visual muito particular, focalizada em aspectos singulares e materializando, portanto, uma especial leitura do texto clássico de C. Collodi (1826-1890). Para sermos mais precisos, trata-se de uma leitura manifestamente restrita.

Em contrapartida, poucos leitores terão tido a oportunidade de conhecer as ilustrações de Enrico Mazzanti (1850-1910), ilustrador da primeira edição (em livro) da obra, datada de 1883, muito embora, no caso português, a Círculo de Leitores, em 1989, tenha dado à estampa um volume assim ilustrado, curiosamente prefaciado por Maria Alberta Menéres (Vila Nova de Gaia, 1930)[11].

---

[10] Tanto quanto conseguimos apurar, da autoria do artista sueco-americano Gustaf Tenggren (1896-1970).

[11] A este título, talvez valha a pena recordar que *As Aventuras de Pinóquio* têm sido alvo de interesse de editoras diversas e de reconhecidos autores portugueses. Recorde-se, por exemplo, e desde já, a edição de 1941, pela Romano Torres, de *As Aventuras de Pinocchio: Novela Infantil* (título revisto, na edição de 1955: *As Aventuras de Pinocchio: Novela Infantil Contada às Crianças*), assinada por Leyguarda Ferreira (1897-?); ou, ainda, a edição de 1983, com a chancela da

28

O mesmo poder-se-á mencionar no que diz respeito à edição datada de 1901, com composição ilustrativa de Carlo Chiostri (1863-1939). Mais provável é que muitos tenham já observado a iconografia, desta feita, a cor, da autoria de Attilio Mussino (1878-1954) do volume publicado em 1911, um discurso amplamente divulgado e que, a par do marcante filme da Disney, muito terá contribuído para aquilo que Román Gubern, em *Máscaras da Ficção*, apelida de «fixação do mito» (Gubern, 2005: 424).

Na realidade, as sucessivas (re)ilustrações[12] e de recriações gráficas[13] de que tem sido alvo a novela Collodiana têm funcionado como importantes formas de (re)acesso e/ou de aproximação a este texto literário, uma narrativa cuja extensão (36 capítulos) e, mesmo, tessitura ideotemática nem sempre suscitaram a adesão do leitor comum. A composição pictórica, resultante de uma aproximação pessoal e criativa ao texto, materializa, pois, uma das leituras possíveis, concretizada por um leitor singular ou primeiro, ou seja, pelo ilustrador. E, em muitos ou na maioria dos casos, é essa sua leitura que chega primeiramente ao potencial destinatário, antecipando, efectivamente, a leitura da vertente verbal. A responsabilidade do ilustrador enquanto leitor – leitor de literatura, note-se – é grande e a sua competência lecto-literária deverá ser

---

Verbo, uma versão portuguesa por António Manuel Couto Viana (1923-2010). Um apontamento também para assinalar o facto de Vergílio Alberto Vieira (Braga, Amares, 1950), em *Os Livros dos Outros* (Caminho, 2006), ter incluído o seguinte poema, intitulado «As Aventuras de Pinóquio»: «Apesar de parecer, / Como boneco, simplório, / O segredo dele foi ser / Reguila, astuto, finório.// Em rixas, brigas, banzés, / Lá se ia saindo bem, / Metendo as mãos pelos pés, / O grande filho da mãe.» (Vieira, 2006: 17). Este texto poético é antecedido de uma apelativa ilustração da autoria de Cristina Robalo.

[12] Uma rápida pesquisa na web permite o encontro com as ilustrações de *As Aventuras de Pinóquio* por artistas tão diversos como Fulvio Testa, Gris Grimly, Sam Keating, Grahme Baker-Smith, Dylan Giles ou Richard Floethe, apenas para citar alguns (poucos) exemplos.

[13] Note-se que, em 1932, a editora Blue Ribbon Books, de Nova Iorque, publicou *The Pop-Up Pinocchio*, da autoria de Harold Lentz.

sólida, no sentido em que deste artista-descodificador se reclama, justamente e não raras vezes, uma cooperação e dilucidação dos «espaços em branco» e/ou dos implícitos que pontuam o texto.

### Re-ilustrações contemporâneas de *As Aventuras de Pinóquio*

No contexto do presente estudo, optámos por dedicar especial atenção a quatro volumes de *As Aventuras de Pinóquio* que se demarcam pelas suas diferentes construções visuais (e, genericamente, gráficas), assinadas por ilustradores que, na nossa perspectiva, se distinguem como leitores literariamente competentes, «com a sua enciclopédia, com as suas estratégias decodificadoras, com a sua liberdade semiótica» (Silva, 1990: 663), do texto de Collodi: Sara Fanelli (SF), Paula Rego (PR), Roberto Innocenti (RI) e Susana Oliveira (SO).

No primeiro caso, um volume datado de 2003, não existe publicação em língua portuguesa ou com a chancela de nenhuma editora portuguesa. As duas seguintes, obras publicadas em 2004 e 2005, respectivamente, dificilmente estarão disponíveis no mercado livreiro (recorde-se que a Ambar, enquanto editora, foi extinta já há alguns anos). O último livro referido, com data de 2102, é de fácil acesso/aquisição.

Vejamos, então, os aspectos ilustrativos que singularizam cada um dos volumes, procurando perscrutar quais os caminhos de leitura percorridos por cada um dos ilustradores supramencionados.

**Sara Fanelli** (Florença, Itália, 1969), artista italiana que estudou em Londres, vence, em 2004, o Prémio «Illustration Award», o mais importante prémio britânico de ilustração, pelas suas ilustrações de *As Aventuras de Pinóquio*.

Reclamando um interessante exercício/treino de observação/leitura visual, o discurso pictórico de Sara Fanelli assenta numa técnica experimental, muito sofisticada e energética, com recurso ao desenho, composto em papéis distintos, ao recorte e à colagem, as sobreposições ou justaposições de pedaços de papel, de fotografias, de tecidos, entre outras. Um aspecto singular, talvez o mais particular e original deste volume, é o facto de o livro "interagir" visualmente com uma espécie de "caixa" / sobrecapa, possibilitando a ilusão de crescimentos dos narizes das figuras aí representadas. E este é, na verdade, um dos sintomas de que a artista plástica em causa encara o livro como um objecto tridimensional.

Questionada acerca do desafio que lhe foi colocado, ou seja, ilustrar *As Aventuras de Pinóquio*, e pensando, em concreto, no facto de esta obra, além de ter sido já ilustrada antes inúmeras vezes, ter sido sujeita a uma "disneyficação", responde

> I had to think carefully about it because there are areas that I have always found difficult in Pinocchio - principally the very heavy-handed morality of the story - so I found my way through that by downplaying the character of Gepetto. (…) I felt I could bring a certain lightness to Pinocchio; and, to the darker areas of the story, a dream-like quality. It was just a question of finding my own way into the book. Of course it helped that I've always known Pinocchio - earlier illustrators weren't a problem for me, and from childhood in Italy I've always been familiar with the marionette theatre, and that ties in with my collage technique which, like puppetry, involves a lot of moving parts. (Carey, 2004: s/p).

Conclui-se, pois, que estamos em face de uma composição visual nascida da arte de uma ilustradora culta, muito especial, ou não fosse Fanelli, conforme assinala Joanna Carey (2004), influenciada pela arte de, entre outros, Lissitsky (1890-1941) e Mayakovsky (1893-1930), bem como de Kurt Schwitters (1887-1948), dos Dadaístas e dos artistas da Bauhaus – em particular, Paul Klee (1879-1940) –, a par da do artista Americano do graffiti Jean-Michel Basquiat (1960-1988).

As telas (originalmente e quase na totalidade compostas a pastel sobre madeira) criadas por **Paula Rego** (Lisboa, 1935), a partir do clássico italiano, transpostas para livro numa edição da Cavalo de Ferro, datada de 2004, representam uma profunda análise da narrativa de Collodi.

O conjunto das suas sofisticadas pinturas/ilustrações perfazem todas a construção "desviante", uma imagem na qual prevalecem figuras humanas "grosseiras" a tocar, por vezes, o grotesco[14] – que é, aqui, o belo[15] –, e das quais sobressaem a dureza e a certa secura das expressões faciais e corporais, como, aliás, é comum ao trabalho desta artista plástica, conforme sintetiza Filomena Vasconcelos:

> When it comes to represent people (...) Rego is an utmost perfectionist, (...) because she seems to capture as it were their inner physiognomy, which perhaps some may call one's soul. (...) Faces usually show strong features, mostly dark, with dark shiny hair and big expressive eyes; bodies are often stout, even grotesque or repulsive at times (...). (Vasconcelos, 2007: 15).

Nas ilustrações de *As Aventuras de Pinóquio*, é possível, portanto, detectar a presença reincidente de vectores ideotemáticos, de valores e de simbolismos que percorrem a generalidade da pintura de PR. Nestas, uma vez mais à semelhança de outras narrativas pictóricas da artista, pressente-se uma tendência subversiva e inconformista, que inquieta e impele ao

---

[14] As pinturas de PR testemunham, de forma singular, a seguinte perspectiva de Dieter Meindl: «The grotesque emerges as a contradiction between attractive and repulsive elements, of comic and tragic aspects, of ludicrous and horrifying features. Emphasis can be placed on either its bright or its dark side. However, it does not seem to exist without a certain collision between playfulness and seriousness, fun and dread, humor and horror, glee and gloom.» (Meindl, 2005: 7).

[15] Cf. PR – «O grotesco é belo. (...) O grotesco vem da gruta, do profundo, coisas cá de dentro...» (Ferreira, 2003: 61).

questionamento, por exemplo, da essência do Belo. O retorno à infância, por exemplo, ganha aqui também contornos particulares, por exemplo, por essa espécie de fusão híbrida e caótica criança-animal, que resulta num conjunto visual algo assombroso e estranho, marcadamente ambíguo e onde, como sempre procura esta artista plástica, se conta uma história, uma "outra" história, uma história em que Pinóquio nunca é verdadeiramente um boneco de madeira. São, na verdade, uma proposta de leitura extensiva, que apela à ponderação também daquilo que existe de estranho e de decepcionante na natureza humana recriada pela literatura.

Em poucas palavras, as ilustrações em causa e como, aliás, sublinha F. Vasconcelos, reportando-se à totalidade da obra de PR[16], provam que, nesta,

> Ethical and aesthetical conventions are thus systematically overruled as a way to unsettle and disturb some of our most imbricate preconceptions or prejudices about human nature and human relationships, as they often put at stake important social and moral values and threaten the stability of many of our unquestioned beliefs, in rather delicate fields, such as religion, sexuality and childhood. (Vasconcelos, 2007: 15).

Em 2005, a já extinta Ambar Editora, publica um volume visivelmente cuidado do ponto de vista gráfico (com capa dura, por exemplo), com ilustrações de **Roberto Innocenti** (Bagno a Ripoli, Itália, 1940). Galardoado, em 2008, com o Prémio Hans Christian Andersen, Innocenti tem sido reconhecido e apreciado pelas suas belíssimas ilustrações, regra a que não foge a sua revisitação visual da obra de Collodi, um volume que, em outro contexto e com outro

---

[16] Sobre o estilo de PR, veja-se também o artigo «Os Abismos perversos na pintura de Paula Rego», de Maria João Cantinho, publicado online na revista *Agulha/32* (Janeiro de 2003) (disponível em http://www.revista.agulha.nom.br/ag32rego.htm).

tempo, daria/mereceria, só por si, uma abordagem/uma comunicação.

Na verdade, é admirável o exercício de leitura que os quadros visuais detalhadamente criados por Innocenti propõem. A multiplicação sensata e muito cuidadosa/equilibrada de pormenores revela a densidade imaginativa do artista que se compraz na recriação pictórica de vistas panorâmicas que dão a ver edifícios e ruas percorridas por uma multidão de personagens. Parecendo aspirar a um retrato o mais realista – diríamos mesmo quase fotográfico – possível RI não se afasta do que é narrado por Collodi, mas acrescenta-lhe pormenores, abre possibilidades de leitura, propõe, até, uma viagem no espaço e no tempo. Duas notas ainda e apenas: em primeiro lugar, o facto de a imagem do protagonista parecer ter sido influencida pela ilustração assinada por Carlo Chiostri, para a edição de 1901; e, em segundo lugar, conforme assinala Marcela Carranza (2008), existirem quadros visuais que conduzem à evocação da pintura de Brueghel, O Velho (1525-1569).


Uma das mais recentes versões completas de *As Aventuras de Pinóquio* veio a lume com a chancela da Relógio D'Água, com ilustrações de **Susana Oliveira** (Porto, 1967). Trata-se, na verdade, de um volume graficamente cuidado, com capa dura, mas parcamente ilustrado, integrando apenas três imagens, a saber: uma no capítulo X, recriando Trinca-fortes e os seus fantoches; outra, no capítulo XVI, e na qual se pode observar Pinóquio na cama, acompanhado da Fada dos Cabelos Azuis e, ainda, uma outra, correspondente ao momento em que o protagonista, depois de atirado ao mar, é engolido pelo tubarão. Todas a preto e construídas a partir do cruzamento de linhas finas ou de traços leves, estas ilustrações centram-se em momentos relevantes da diegese. Acresce, também, uma referência à ilustração da capa, única, aliás, policromática, e que valoriza, colocando-as no mesmo espaço visual, o herói (anti-herói?) e as figuras animais que com ele interagem ao longo da narrativa.

Uma nota, ainda, para registar o facto de que se a técnica se afigura visivelmente diferente da observada nas obras anteriormente dadas a ler, ela é, de certa maneira, próxima da que já conhecida no volume ilustrado há já mais de duas décadas (1993) pela premiada ilustradora Manuela Bacelar (Coimbra, 1943) que, também numa cuidada e apelativa composição a preto, um registo/técnica pouco comum no seu trabalho, criou precisamente 36 ilustrações (uma por capítulo).

## Considerações finais

Quase a finalizar, reiteramos a ideia de que as diversas (re)construções visuais às quais sucintamente nos referimos, cada qual a seu modo, na sua intensa e sensível forma de ler a escrita literária de C. Collodi, denunciam, naturalmente, a sua mais profunda intencionalidade: despertar emoções face ao texto clássico. Além disso, comprovam, em nosso entender, não apenas a noção de que a ilustração pode ser (metaforicamente) entendida, também ela, como uma narrativa (Guimarães, 2003), como um "modo de ver" o texto e de dar a ler, já (re)arquitectadas/desenhadas, as suas mais relevantes categorias narratológicas (acção, espaço, tempo e personagens, por exemplo), bem como aquilo que de essencial encerra e informa o próprio texto literário: a sua multiplicidade de sentidos ou a sua «multivalência significativa» (Silva, 1990: 658), que caracteriza, naturalmente, a «"base semântica" de um texto literário», entretecido de «significados históricos e de significados meta-históricos, de significados sociológicos e ideológicos e de significados antropológicos e mito-simbólicos» (*idem, ibidem*: 662). Trata-se, na verdade e em síntese, da implicação ou da relação estreita entre o significado histórico e o significado simbólico, que representam os «elementos que permitem universalizar e

intemporalizar as experiências humanas históricas e particulares»
(*idem*, *ibidem*: 663). De facto, as obras aqui revisitadas comprovam
que a plurissignificação, enquanto fenómeno de recepção literária,
se materializa nesse «efeito de leitura» (*idem*, *ibidem*: 663) ou nessas
«linhas diversas de leitura coerente» (*idem*, *ibidem*: 663),
substantivadas em cada uma das composições ilustrativas analisadas.

Para terminar, deixamos, ainda, registado que, quando
repensamos o discurso pictórico de cada uma das obras aqui relidas,
um conjunto de discursos nascidos dos gestos de Sara Fanelli, Paula
Rego, Roberto Innocenti e Susana Oliveira, concluímos que, na
realidade, «O acto de desenhar ou de pintar é não só um modo de
ver mas também um modo de encontrar» (Guimarães, 2003: 23),
ou, melhor dizendo, de (nos) reencontrar(mos)... enquanto leitores
e/ou, muito especialmente, com a criança que já fomos.

## Referências

Carey, J. (2004). Dynamic Doodles, *The Guardian*, Sábado, 17 de
Abril de 2004. [Em linha] Documento *online* disponível em:
http://www.theguardian.com/books/2004/apr/17/feature
sreviews.guardianreview8

Carranza, M. (2008). Roberto Innocenti, *Imaginaria – Revista
Quincenal sobre Literatura Infantil y Juvenil* (231) [Em linha]
Documento         *online*         disponível         em:
http://www.imaginaria.com.ar/2008/05/roberto-
innocenti/

Collodi, C. (1993). *As Aventuras de Pinóquio*. Ilustrações de Manuela
Bacelar; Tradução de José Colaço Barreiros. Lisboa:
Caminho.

Collodi, C. (2003). *Pinocchio*. Ilustrations par Sara Fanelli Paris: Albin
Michel Jeunesse.

Collodi, C. (2004). *As Aventuras de Pinóquio*. Ilustrações de Paula
Rego; Comentários às ilustrações de Romana Petri; Posfácio

de Italo Calvino; tradução de Margarida Periquito. Lisboa: Cavalo de Ferro.

Collodi, C. (2005). *As Aventuras de Pinóquio*. Ilustrações de Roberto Innocenti; Tradução de Simonetta Neto. Porto: Ambar.

Collodi, C. (2012). *As Aventuras de Pinóquio*. Ilustrações de Susana Oliveira; Tradução de Margarida Periquito. Lisboa: Relógio D' Água Editores.

Ferreira, A. (2003). O grotesco é belo (entrevista a Paula Rego), *Ler* (58) 56-67.

Gubern, R. (2005). *Máscaras da Ficção*. Lisboa: Fim de Século.

Guimarães, F. (2003). *Artes Plásticas e Literatura*. Porto: Campo das Letras.

Machado, A. M. (2002). *Como e Por Que Ler os Clássicos Universais desde Cedo*. Rio de Janeiro: Objetiva.

Meindl, D. (2005). The grotesque: concepts and illustrations. In AA.VV. *O Grotesco*. (pp. 7-21). Coimbra: Centro de Literatura Portuguesa – Faculdade de Letras.

Pizzi, K. (Ed.) (2012). *Pinocchio, Puppets, and Modernity*. NY: Routledge.

S/n (s/d). *The Adventures of Pinocchio*. [Em linha] Documento *online* disponível em: http://www.inismagazine.ie/reviews/book/the-adventures-of-pinocchio

Silva, V. M. A. e (1990). *Teoria da Literatura*. Coimbra: Almedina (8ª ed.).

Thursfield, A. (2004). Sara Fanelli. [Em linha] Documento *online* disponível em: http://literature.britishcouncil.org/sara-fanelli

Vasconcelos, F. (2007). Invent and subvert: Paula Rego's illustrations for children's books, *E.Fabulations – E-journal of children's literature*. (Revista Electrónica de Literatura Infantil) (1). Departamento de Estudos Anglo-Americanos – FLUP. 14-23. [Em linha] Documento *online* disponível em: *ler.letras.up.pt/uploads/ficheiros/4287.pdf*

# 4

# O Imaginário Lúdico nas *Aventuras de Pinóquio* de Carlo Collodi. A propósito do "teatrinho de fantoches" [17]

*Alberto Filipe Araújo*
Universidade do Minho

> "nada de mais favorável para a imaginação que de ser ativada também pelo jogo, entendido como uma atitude ou intencionalidade capaz de modificar as relações do real pela simulação de outra coisa".
>
> Jean-Jacques Wunenburger, *L'Imagination mode d'emploi?*, p. 42

## Introdução

O "teatrinho de fantoches" das *Aventuras de Pinóquio* abre-nos a janela para uma das categorias lúdicas fundamentais - a da *mimicry*. Além de permitir-nos compreender melhor a natureza do

---

[17] Araújo, A. F. (2018). O Imaginário Lúdico nas *Aventuras de Pinóquio* de Carlo Collodi. A propósito do "teatrinho de fantoches". In F. Azevedo, A. F. Araújo e J. M. de Araújo (Coord.), *As vidas de Pinóquio. Ecos Literários e Educacionais* (pp. 39-57). Braga: Centro de Investigação em Estudos da Criança / Instituto de Educação. ISBN: 978-972-8952-36-5.

Este trabalho é financiado pelo CIEd - Centro de Investigação em Educação, projetos UID/CED/1661/2013 e UID/CED/1661/2016, Instituto de Educação, Universidade do Minho (Portugal), através de fundos nacionais da FCT/MCTES-PT.

imaginário lúdico que nos é dada pela seguinte afirmação: o jogo é um imaginário em ação.

A atividade lúdica teatral convida-nos a "participar do mundo do jogo", no entanto este participar do "mundo do jogo" é já "participar do jogo do mundo" (Maffesoli, 2008: 209). Neste momento pode-se dizer que o texto ficcional é uma "forma de representação-encenação do mundo", "sinónimo de representação de mundos imaginários com personagens imaginários" (Ceia, s.v. "Ficcionalidade", 2014) e a sua credibilidade aumenta na proporcional do investimento mimético, subjetivo e simbólico do ator que representa tal ou tal personagem. Por outras palavras, a credibilidade ficcional depende muito do grau de imersão que o ator faz no mundo do jogo e que, por conseguinte, nada tem a ver com a mera ilusão ou mesmo com o mero fingimento.

Assim, para realizar a nossa caraterização do imaginário lúdico através do "teatrinho de fantoches" das *Aventuras de Pinóquio* organizaremos a nossa palestra em três partes: na primeira trataremos de propor uma definição de jogo tendo em conta as perspetivas clássicas de Johan Huizinga e de Roger Caillois; na segunda parte abordaremos da categoria da "mimicry" (simulacro) como uma das caraterísticas principais do imaginário lúdico e na terceira parte, e última, refletiremos sobre a natureza do imaginário lúdico aberto ao olhar do imaginário educacional.

## Para uma definição de jogo

De acordo com Johan Huizinga, as principais caraterísticas do jogo[18] são as seguintes, a saber:

1ª – O jogo é livre, ele é liberdade, talvez por ele ser desinteressado;

---

[18] Veja-se também as caraterísticas do jogo apontadas por Gilles Brougère na sua obra *Jeu et Éducation*, p. 246-253.

2ª – O jogo representa uma evasão da vida "real": "Esta caraterística de 'faz de conta' do jogo exprime um sentimento da inferioridade do jogo em relação à 'seriedade', o qual parece ser tão fundamental quanto o próprio jogo. [...] [o jogo exprime] um *intervalo* na nossa vida quotidiana" (Huizinga, 2012: 11-12);

3ª – O jogo tem uma limitação na sua duração e é uma atividade isolada: "É 'jogado até ao fim' dentro de certos limites de tempo e de espaço. Possui um caminho e um sentido próprios" (Huizinga, 2012: 12);

4ª – O jogo cria ordem e "*é* ordem" (Huizinga, 2012: 13) e esta ordem é instituída com a ajuda de uma das qualidades fundamentais do jogo que é a da repetição "que não se aplica apenas ao jogo em geral, mas também á sua estrutura interna" (Huizinga, 2012: 13).

Neste contexto, podemos dizer, com Huizinga, que todo o jogo tem as suas regras e elas são absolutas não permitindo discussão, não impedindo, contudo, que o jogo não crie o seu universo mágico e de ilusão. Assim, compreende-se que o jogo seja envolvido pelo ar de mistério, reforçado pela arte do disfarce, de tornar-se momentaneamente outro: "Desde a mais tenra infância, o encanto do jogo é reforçado para se fazer dele um segredo. Isto é para *nós*, e não para os outros" (Huizinga, 2012: 15). O jogo adquire assim um estatuto excecional mesmo que circunscrito a limitações espaciais e temporais inerentes à sua natureza interna.

Tendo em conta as características atrás expostas, Johan Huizinga considera o jogo como

> uma atividade livre, conscientemente tomada como 'não-séria' e exterior à vida habitual, mas ao mesmo tempo capaz de absorver o jogador de maneira intensa e total. É uma atividade desligada de todo e qualquer interesse material, com a qual não se pode obter qualquer lucro, praticada dentro de limites espaciais e temporais próprios, segundo uma certa ordem e certas regras. Promove a formação de grupos sociais com tendências a rodearem-se de segredo e a sublinharem a sua diferença em relação ao resto do mundo

por meio de disfarces ou outros meios semelhantes (Huizinga, 2012: 16; Bernardis, 2006: 231-234).

A atividade lúdica, estruturada entre dois polos antagónicos, *a paidia* e o *ludos,* ao manifestar-se mediante as modalidades de *agôn* (competição), *álea* (sorte), *mimicry* (simulacro, mimetismo) *e ilinx* (vertigem), bem estudadas por Roger Caillois (1990: 31-57), parece moldar, senão mesmo a condicionar, o modo como o nosso imaginário se exprime. É pois nesta perspetiva que pensamos que é pelo jogo que o sujeito se abre a universo outro que não o do seu quotidiano, mas que é também por ele que esse mesmo sujeito se pode alienar de transformar o mundo no qual ele vive. Deste modo, a relação lúdica, escapando aos critérios de utilidade e de eficácia que *o homo ludens* tece com o mundo e com o Outro, faz-se, por um lado, sob o signo do jogo, enquanto atividade livre, delimitada, incerta, improdutiva, regulamentada e fictícia (Caillois, 1990: 29-30), e, por outro lado, das variações imaginativas que dele decorrem.

Pelo jogo, e pela dramatização lúdica, o homem repete o modelo mítico do sagrado, escapando à usura temporal, dado que se pode repetir indefinidamente. Esta característica do jogo - a da repetição - é, para Johan Huizinga, uma das características essenciais do jogo, e é exatamente a repetição que faz com que o jogo crie um universo ordenado e seja ele próprio ordem: "Ele realiza, na imperfeição do mundo e da confusão da vida, uma perfeição temporária e limitada" (Huizinga, 2012: 13). E por esta caraterística que o jogo tem forte afinidade quer com o rito que de forma repetitiva e imutável atualiza por uma sucessão de gestos, de cânticos, de atos e de palavras, quer com o mito porque é próprio do mito repetir para melhor persuadir e pela persuasão o mito organiza, impõe uma certa ordem, confere inteligibilidade a uma realidade caótica e perturbadora, enfim eufemiza o "mistério fascinante e tremendo" da morte, assim como desempenha uma função catártica na vida social dos povos tradicionais.

Neste contexto, podemos também dizer que o rito é uma

dramatização simulada daquilo que o mito conta, daquilo que ele revela, daquilo que ele explica e ele tem como uma das suas principais funções a de reatualizar o mito na memória coletiva tradicional. É, portanto, assim que se compreende que a "mimicry" desempenhe um papel importante no imaginário lúdico e que, por conseguinte, seja uma das caraterísticas nucleares da dramatização teatral porque por detrás desta ressoa a voz mítica ancestral da Memoria coletiva. Podemos então dizer que é pelo ritual da representação dramática teatral que o espetador ouve esta voz da Tradição visto que não se trata de um mero jogo estético, mas antes de um "trágico sério, de um trágico que caracteriza a ação sagrada enquanto tal" (Cassirer, 1972: 62).

## A "mimicry" (simulacro) como uma das dimensões do imaginário lúdico: Pinóquio e o "teatrinho de fantoches"

O imaginário lúdico é um domínio ou um território da imaginação em movimento, ou seja, é a imaginação aplicada em que esta faz da categoria da *mimicry* um dos seus catalisadores fundamentais e analisado por Roger Caillois na sua obra clássica *Os Jogos e os Homens* (1958). Neste contexto, importa aqui definir a imaginação no seu sentido mais amplo, isto é, aquele que toma em consideração a imaginação na sua dupla aceção, a saber: a imaginação como uma faculdade capital que compreende quer a sua dimensão reprodutora ou reprodutiva e a sua dimensão criadora ou criativa (Wunenburger, 1991: 10-26). Assim, importa retomar a definição de imaginação proposta por Georges Jean que a define do seguinte modo: "a faculdade pela qual o homem é capaz quer de reproduzir – nele ou projetando-se fora dele – as imagens armazenadas na sua memória (imaginação dita 'reprodutora'), quer de criar novas imagens [imaginação dita 'criadora'] que se materializam (ou não) nas palavras, nos textos, nos gestos, nas obras, etc." (1991: 23-24)[19]. Acrescentando o autor que o imaginário designa os domínios, os territórios da imaginação e é por isso que se fala do imaginário poético, do imaginário plástico, do imaginário corporal, entre outros (Jean, 1991: 24; Wunenburger, 2003).

## A perspetiva de Roger Caillois

A *mimicry* é uma das categorias fundamentais do jogo, segundo a classificação dos jogos estabelecida por Caillois, que significa "simulacro" e que ainda não tendo nenhuma relação com a *alea* não significa, contudo, que não partilhe a categoria de *agôn* (Caillois, 1990: 42). Esta categoria, à semelhança das de *agôn* (competição),de *alea* (sorte) e de *ilinx* (vertigem), movimenta-se crescentemente do *ludus* para a *paidia* e decrescentemente da *paidia* para o *ludus*: na parte regida pela *paidia* ela compreende as imitações infantis, o ilusionismo, as bonecas, os brinquedos, a máscara e o disfarce, na parte regida pelo *ludus* temos o teatro e as artes do espetáculo em geral (Caillois, 1990: 39-43, 57).

Esta categoria tem como sua principal caraterística a de se basear no facto de o sujeito

> jogar a crer, a fazer crer a si próprio ou a fazer crer aos outros que é outra pessoa. Esquece, disfarça, despoja-se temporariamente da sua personalidade para fingir uma outra. Decidi designar estas manifestações pelo termo *mimicry*, que, em inglês, designa o mimetismo, nomeadamente dos insectos, com o propósito de sublinhar a natureza fundamental e radical, quase orgânica, do impulso que as suscita (Caillois, 1990: 39-40).

---

[19] Na perspetiva de Gaston Bachelard (2004 : 5-6) "Le vocable fondamental qui correspond à l'imagination, ce n'est pas *image*, c'est *imaginaire*. La valeur d'une image se mesure à l'étendue de son auréole *imaginaire*. Grâce à l'*imaginaire*, l'imagination est essentiellement *ouverte, évasive*. Elle est dans le psychisme humain l'expérience même de l'*ouverture*, l'expérience même de la *nouveauté* ».

44

Seguindo o mimetismo do mundo dos insetos, Roger Caillois tenta encontrar a razão pela qual o homem sente tanto prazer "de se disfarçar, de se travestir, de pôr uma máscara, fazer um personagem" (Caillois, 1990: 40). A máscara e o disfarce servem para "mudar a aparência de quem usa e meter medo aos outros [...] a máscara [serve para] dissimular o personagem social e libertar a verdadeira personalidade" (Caillois, 1990: 40, 43). No entanto, o autor sublinha que os aspetos fundamentais desta classe de jogos são a mímica e o disfarce. A este respeito, lembramos a importância que a imitação desempenha nos jogos e brincadeiras de infância quando, por exemplo a menina brinca às mães ou às cozinheiras e fá-lo tão empenhadamente que aos seus olhos tal atividade é séria ao ponto de revestir estatuto de trabalho. No entanto, Roger Caillois alerta-nos que

> as condutas de mimicry extravasam largamente da infância para a vida adulta. Abrangem igualmente toda a diversão a que nos entreguemos, mascarados ou travestidos, e que consista no próprio facto de o jogador/actor estar mascarado ou travestido, bem como nas suas consequências. E, finalmente, é claro que a representação teatral e a representação dramática entram de direito neste grupo (Caillois, 1990: 41).

A *mimicry* (simulacro) reveste uma das seguintes formas: a atividade, a imaginação e a interpretação e apresenta todas as caraterísticas do jogo (liberdade, convenção, suspensão do real e espaço e tempo delimitados – Caillois, 1990: 23-30)[20], excetuando que não se submete a regras imperativas e precisas: "Vimos já que a dissimulação da realidade e a simulação de uma realidade outra têm nela um lugar. A mimicry é invenção incessante" (Caillois, 1990: 43). Por isso, defendermos que esta categoria traduz uma das

---

[20] Roger Caillois define o jogo como uma atividade que compreende seis características: é uma atividade livre, incerta, improdutiva, regulamentada e fictícia (1990: 9-30).

caraterísticas essências da teatralização que é aquela sintetizada no duplo aforisma "nem tudo aquilo que é o parece" e "nem tudo aquilo que parece o é". O que significa que oximoramente assistimos a cenas no "teatrinho de fantoches" que parecem e não são, mas que não obstante também o são! Por último, o autor coloca o teatro na linha do "ludus" (diversão, turbulência, improviso, etc...) que ele opõe à "paidia"[21] (tende para "um número sempre crescente de tentativas, de persistência, de habilidade ou de artifício" (Caillois, 1990: 33).

## Pinóquio e o "teatrinho de fantoches": O "parece e é e não o é" do imaginário lúdico

Quando Pinóquio entrou no "teatrinho de fantoches" foi surpreendido quando um dos fantoches, de nome Arlequim, exclamou:

> – Deuses do céu! Estou a sonhar ou estou acordado? Mas aquele que está lá ao fundo não é Pinóquio? – É verdade, é o Pinóquio – grita Polichinelo [o fantoche que contracenava com Arlequim]. [...] – É o Pinóquio, é o Pinóquio! – gritam em coro os fantoches todos, saindo dos bastidores aos saltos – É o Pinóquio! É o nosso irmão Pinóquio! Viva o Pinóquio (Collodi, 2004: 41-42).

---

[21] Diz o autor: "Na extremidade oposta [à *paidia*], essa exuberância alegre e impensada é praticamente absorvida, ou pelo menos disciplinada, por uma tendência complementar, contrária nalguns pontos, ainda que não em todos, à sua natureza anárquica e caprichosa: uma necessidade crescente de a subordinar a regras convencionais, imperiosas e incómodas, de cada vez mais a contrariar criando-lhe incessantes obstáculos com o propósito de lhe dificultar a consecução do objectivo desejado. Este torna-se, assim, perfeitamente inútil uma vez que exige um número sempre crescente de tentativas, de persistência, de habilidade ou de artifício. Designo por *ludus* esta segunda componente" (Caillois, 1990: 32-33).

Pinóquio, aceitando o convite do seu irmão de madeira Arlequim, juntou-se no palco aos outros atores e atrizes daquela "companhia dramático-vegetal" (Collodi, 2004: 42) que o acolheram em festa e grande algazarra. A representação da comédia só continuou não pelo desejo do público e do seu pedido insistente, mas antes por ter aparecido o dono dos fantoches, "um homenzarrão tão feio que só olhar para ele metia medo" (Collodi, 2004: 42), chamado Trinca-Fortes.

Antes de avançarmos importa salientar que quando Pinóquio entrou no teatrinho a comédia já tinha começado:

> Em cena viam-se Arlequim e Polichinelo que discutiam um com o outro e, como de costume, ameaçavam desatar às bofetadas e às pauladas de um momento para o outro. A plateia, muito atenta, torcia-se de riso ao ouvir a discussão daqueles dois fantoches que gesticulavam e se insultavam mutuamente com tanto realismo, que pareciam mesmo dois animais racionais, duas pessoas deste mundo (Collodi, 2004: 41).

No capítulo seguinte – o XI – assiste-se à cena de Trinca-Fortes ter perdoado ao Pinóquio a confusão que ele armou no teatrinho e ter escapado ao castigo que consistia em servir de lenha para alimentar o fogo que estava assando o carneiro do dono dos fantoches. No entanto, o dono procurou de imediato, tendo chamado dois gendarmes de madeira, substituir Pinóquio por Arlequim para que este alimentasse o fogo porque, na verdade, o Trinca-Fortes queria o seu carneiro bem assado. Face a este acontecimento trágico em que Pinóquio iria assistir à morte do seu verdadeiro amigo no seu lugar, pediu clemência para o pobre Arlequim, como não obteve sucesso, retorquiu heroicamente:

> – Nesse caso – gritou Pinóquio com bravura, pondo-se em pé e atirando para longe o chapéu de miolo de pão – , nesse caso sei qual é o meu dever. Avancem, senhores gendarmes! Amarrem-me e atirem-me para o meio daquelas chamas. Não, não é justo que o pobre Arlequim, o meu verdadeiro

amigo, tenha de morrer por mim (Collodi, 2004: 47).

Trinca-Fortes, ouvindo as suas palavras ditas em voz alta e num tom heroico, com o choro de todos os fantoches de madeira que as ouviram, mesmo os gendarmes, comoveu-se e concedeu a clemência tão desejada ao pobre do Arlequim: "Ao saberem que a clemência fora concedida, os fantoches correram todos para o palco e, acedendo as luzes e os candelabros como se fosse noite de gala, começaram a saltar e a dançar. Ao alvorecer ainda dançavam" (Collodi, 2004: 48).

Com a descrição das cenas atrás apontadas em que um conjunto de marionetes ganha vida, assemelhando-se em tudo a atores humanos, entra-se no domínio da ficção e, por conseguinte, do imaginário lúdico em que a *mimicry* (simulacro, mímica, imitação, mimetismo, pantomina, do "parece e não é" etc) desempenha uma função privilegiada. Daí pensarmos ser pertinente refletir sobre esta categoria, já estudada por Roger Caillois e explicitada atrás, na sua articulação com o imaginário lúdico. Da análise da *mimicry* feita por Roger Cailllois nós retemos agora os seguintes elementos que nos interessam para a caraterização do imaginário lúdico que muito teria a ganhar se englobasse o oximoro e a metáfora[22] que são das figuras da retórica clássica que melhor dão conta da natureza do imaginário e, por conseguinte, do imaginário lúdico:

a) O ator assume uma outra personalidade que não a sua, ou seja, disfarça-se de outro;

---

[22] Tanto o oximoro como a metáfora (Serra, s.v. "Oximoro", 2014; Mendes, s.v. "Metáfora", 2014; Reboul, 1994: 129-132) são figuras pregnantes simbolicamente que nos abrem as portas para o espaço conotativo e, consequentemente, para o mundo ficcional onde o intérprete, na qualidade de espetador, entra em rutura com a literalidade e a denotação da coisa representada para emergir numa "realidade" outra que é já o espaço ficcional ou a transfiguração da "realidade" representada.

b) Faz-se crer a si próprio, ainda que temporariamente, assim como aos outros que é uma outra pessoa;
c) O tema do mimetismo;
d) Dissimulação e simulação da ou de uma realidade;
e) Levar o espetador à aceitar a ilusão em que este é convidado pelo ator ou pelos atores "a acreditar durante um dado tempo, como um real mais real do que o real" (Caillois, 1990: 43).

A *mimicry* como simulacro visa criar uma ilusão convincente, ou seja, que se assemelhe o mais possível às situações da vida e da realidade, bem como às pessoas comuns. Lembre-se que os dois fantoches (Arlequim e Polichinelo) simulam que são seres iguais às aos espetadores e agem como se pessoas fossem, no entanto, e apesar de todo o realismo "São cópias, e cópias que supõem uma intenção realista" (Chateau, 1972: 211). A simulação leva a que o ator interprete o seu personagem de tal modo que ele próprio acredite que já é um outro e este ato supõe que ele adira temporariamente a uma realidade que se revele eficaz do ponto de vista ficcional. Encontramos aqui a fascinação da máscara, o fascínio de "tornar-se outro", de o ator identificar-se com o personagem representado ao ponto de ouvirmos o eco das palavras de Álvaro de Campos do poema *Tabacaria*: *"Quando quis tirar a máscara/ Estava pegada à cara".*

O ato de interpretar um papel pressupõe uma dialógica factual-ficcional o que implica que a ficção representada, para ser eficaz, tenha que ter sempre um "quê" de realidade, alguma semelhança com as cenas vividas pelos espetadores. Para que a relação ficcional estabelecida entre ator e espetador não se desmorone e fique reduzida a meras cinzas sem significação simbólica não pode, na verdade, haver uma rutura nem com aquilo que é (as várias formas do real do quotidiano e da vida), nem como o "parecer que é", o mundo dos sonhos, da imaginação, do mito, das imagens, dos símbolos, da experiência religiosa do espaço-tempo (Mircea Eliade), da contemplação:

A regra do jogo é uma só: para o actor consiste em fascinar o espectador, evitando que um erro o conduza à recusa da ilusão; para o espectador consiste em prestar-se à ilusão sem recusar *a priori* o cenário, a máscara e o artifício em que o convidam a acreditar durante um dado tempo, como um real mais real do que o real (Caillois, 1990: 43).

A representação teatral, ao remeter para uma teia ficcional onde estão imbrincados os aspetos atrás mencionados, levanta a importante questão do "como se". A importância do "fazer como se" assume um papel crucial na estrutura ficcional porque é a qualidade ficcional deste "como se", desenvolvido pelo ator no ato de se emprestar a um outro (tal ou tal personagem) e também o enredo da peça representado, que cria um mundo imaginário não desligado, contudo, do mundo da vida ("lebenswelt"). Assim, abole-se momentaneamente o espaço-tempo profanos para se entrar na esfera do espaço-tempo sagrados enquanto vivências festivas experienciadas no nosso caso pelo espetador (Eliade, 1992: 45-48; Wunenburger, 1977: 47-62). A vivência do espaço-tempo sagrados representa um modo de ser no mundo diferenciado da experiência do tempo-espaço profanos (Eliade, 1992: 14-15; Eliade, 1992: 36-37), e aqui reside precisamente o grande desafio da arte da representação teatral de abolir o espaço-tempo profanos durante um período temporal determinado para que o espaço-tempo sagrados aconteça pela dramatização lúdica (Wunenburger, 1977: 34-46) e pela "poética do devaneio" (Bachelard, 1984) que elas sempre suscitam em ordem muitas vezes a uma catarse sempre esperada, sempre desejada ainda que tantas vezes involuntariamente.

Ainda que o jogo, enquanto imaginário em ato e mediado pelo par oximoro-metáfora, pelo símbolo e pelos mitos, represente um espaço festivo, uma atividade exterior ao quotidiano repetitivo ele não pode, contudo, deixar de guardar um vínculo com o mundo da vida, ou seja, tem que ostentar uma credibilidade ficcional de modo a que o visto vá ao encontro do *pathos* e do *ethos* a fim de melhor apalavrar o maior número de público possível (levanta-se aqui a questão da estética da receção), isto é, dos espetadores se identificarem com as cenas representadas através da palavra dita ou proclamada e dos gestos feitos. Neste contexto, se é verdade que a atividade lúdica refigura, transmuta ficcionalmente o real vivido e assistido do espetador, não é menos verdade que a atividade lúdica vive da tensão entre o imaginário subjetivo do ator e o imaginário subjetivo e social do público.

É, portanto, desta tensão que resulta o sucesso da narrativa ficcional realizada pela atividade teatral e este sucesso remete, por sua vez, para o seguinte trocadilho aforístico:" não basta sê-lo, é preciso parecê-lo" e "não basta parecê-lo, é preciso sê-lo"! O público tem que sentir-se cativado, atraído, identificado para mergulhar de "corpo e alma" no enredo jogado. O espetador tem que sentir uma forte empatia para que ele se sinta impelido a seguir atentamente o fio da narrativa ou das cenas representadas e declamadas, de tal modo que Carlo Collodi (2004: 41) escreve nas suas *Aventuras de Pinóquio* "A plateia, muito atenta, torcia-se de riso ao ouvir a discussão daqueles dois fantoches que gesticulavam e se insultavam mutuamente com tanto realismo, que pareciam mesmo dois animais racionais, duas pessoas deste mundo".

## E de novo o "teatrinho de fantoches": do imaginário lúdico ao educacional

O "teatrinho de fantoches" das *Aventuras de Pinóquio* é um bom motivo para nos interrogarmos sobre a natureza do imaginário, com a categoria de "mimicry" que lhe está associada, porque no capítulo X das *Aventuras* lê-se que as marionetes de madeira falavam, gritavam, insultavam e gesticulavam como também o faziam com tanto realismo que "pareciam mesmo dois animais racionais, duas pessoas deste mundo" (Collodi, 2004: 41).

O que acabamos de dizer convida-nos a entrar no jogo de imaginação ou de ficção dominado pelo "como se"[23], ou aquilo que em francês se designa por "fazer de conta" (Château, 1946: 177-182) que significa que aquele que age "como se" já se encontra no universo ficcional[24]: "A imaginação verdadeira, consciente de si própria, é com efeito o domínio do 'si', do hipotético" (Château, 1946: 259). Pelo jogo a criança tem um recurso psicopedagógico precioso que em muito a ajuda a construir a sua personalidade:

> Desde a sua mais jovem idade, a criança acede paulatinamente ao domínio de si-mesma e do mundo por intermédio de comportamentos lúdicos que são a ocasião simultaneamente de um desenvolvimento das suas atividades imaginativas. O jogo assegura uma função 'transicional' entre um estado de introversão narcísica e um estado extrovertido capaz de adaptação às realidades objetivas (Wunenburger, 1991: 89)

O jogo simbólico, ainda que contribua para que a criança se adapte às realidades objetivas, a sua função ultrapassa em muito os meros mecanismos da imaginação reprodutiva que implicam

---

[23] De acordo com Jean Château "O 'se' é o signo do não objetivo; é como o espelho que separa o mundo real do mundo fictício, o seu reflexo; utilizá-lo, é indicar que com a pequena Alice passamos por detrás do espelho. Também, toda a ficção, pensada sob o signo do 'se' é por ela mesma ligada ao real visto que pelo 'se' os dois mundos são contíguos e inseparáveis; o 'se' distingue-os, mas também os une, como todo o limite. Por outras palavras, o fictício está sempre agarrado ao real, senão seria do real como no sonho ou a crença na ilusão" (Château, 1946: 259 e 247-262). Sobre o jogo fictício: é através deste tipo de jogo "que a criança imita e inventa as personagens" (Château, 1975: 41). A este respeito, também Jean-Jacques Wunenburger (2011: 42) nos diz que "A imaginação é regida pela regra do 'como se', que permite desligar-se da ordem das coisas e de prestar-se a uma imitação de uma outra realidade, na sua ausência".

[24] A ficção opera por efeitos miméticos e a função destes deflagradores ou efeitos miméticos é de induzir um processo de imersão mimética que nos leva a tratar a representação ficcional «como se» ela fosse uma representação factual e dela nos apropriarmos através dos mecanismos de introjeção, de projeção e de identificação.

aprendizagem e adaptação (Château, 1946: 262-273). A atividade lúdica é muito mais do que um conjunto de fórmulas e de gestos à disposição da criança para ela melhor adaptar-se à sociedade introjetando um conjunto de regras sociais. O jogo permite à criança, embora ficcionalmente, perceber-se diante do mundo que ela tenta, através de formas verbais (história por exemplo), miméticas (gestos repetidos e imitadores) e físicas (desenhos), compreender. Por outras palavras, a criança procura dominar e alargar o seu poder de captação e de compreensão do mundo natural e social que ela habita. Pelo jogo, a criança não só desafia o seu entendimento daquilo que a rodeia, não só ensaia de abrir-se ao outro, assim como procura também decifrar os códigos e estímulos sociais, mas nem sempre é certo que as coisas se desenrolem assim porque há sempre o perigo da criança ficar presa num mundo mágico e ilusório como, aliás, o adverte Jean-Jacques Wunenburger (1991: 90): "Pelo jogo a existência abre-se, portanto, em permanência, e não somente durante sequências bem estabelecidas, sobre possíveis não realizados, sobre artifícios que podem também servir antes de fuga mágica e ilusória do que abrir vias criadoras para atualizar as nossas potencialidades".

Aquilo que interessa destacar, como algo constitutivo do imaginário lúdico, é a intencionalidade lúdica nos comportamentos humanos. Esta intencionalidade permite ao sujeito elaborar uma série de representações ficcionais e de configurações possíveis na base das quais ele cria as suas próprias experiências inéditas e os seus próprios personagens. Podemos mesmo dizer que uma intencionalidade lúdica, indissociável de núcleos imaginativos heroicos, sintéticos ou místicos (para retomar aqui a terminologia de Gilbert Durand), é indispensável para que o sujeito atualize os seus afetos, as suas representações e mesmo valores que contribuem para alargar "as suas estruturas de recetividade e de reação" (Wunenburger, 1990: 90). Porém, esta mesma intencionalidade lúdica fica incompleta se não tive em conta uma das dimensões maiores do imaginário lúdico que é a sua capacidade de eufemização que consiste em transformar o insuportável em suportável, o ininteligível em inteligível, o inacessível em acessível. A este respeito, não deixa de ser importante salientar que Gilbert Durand aponta a função de eufemização como uma · das caraterísticas maiores da imaginação simbólica:

> a função de imaginação é antes de mais uma função de eufemização, não um simples ópio negativo, máscara que a consciência ergue face à horrenda figura da morte, mas pelo contrário dinamismo prospectivo, que através de todas as estruturas do projecto imaginário, tenta melhorar a situação do homem no mundo (Durand, 1979: 121-122).

Tendo em conta esta função compreende-se que a atividade teatral, enquanto espaço privilegiado da imaginação e da interpretação, pela arte do fingimento, do "fazer como se", pelo simulacro, pelo disfarce, pela mímica constitua um dos aspetos mais nobres do imaginário lúdico e sem este, como salienta Jean-Jacques Wunenburger, desaparece da vida social a ritualização, a dramatização, a teatralização, a espectacularidade que testemunham que o homem é um ser carente" (Wunenburger, 1991: 92). Daí a pertinência de convocar-se as potencialidades que o imaginário educacional (Araújo, 2006: 208-212) em si comporta para não somente amparar o "cogito" do sonhador (Bachelard, 1991: 124-147) na sua qualidade de artesão ou de *bricoleur* lúdico, como também através de uma pedagogia do imaginário lúdico esse mesmo artesão de "devaneios" possa ver além das situações concretas dos curricula escolares:

> Uma pedagogia do imaginário não é uma pedagogia da utopia. Mas ela deveria igualmente incitar os professores a não se refugiarem nos alibis das situações concretas. Uma vez mais, a invenção pedagógica dever ter em conta aquilo que se encontra e nunca se contentar disso (Jean, 1991: 124).

Por fim, importa que toda a formação docente não descure o "cultivo da imaginação" (Passmore, 1983: 175-198) que não deve ser confundida nem com as vãs ilusões da espontaneidade e da invenção, ou seja, com a invenção gratuita ou delirante, nem com a "folle de logis" (Malebranche) ou com "essa senhora do erro e da falsidade" como disse Pascal sobre a imaginação. Todo o professor, face ao espartilho curricular, deverá, sempre que lhe seja possível o que não é nunca uma tarefa fácil, ter "olhos férteis" (Jean, 1991: 127-128) para poder ver outra coisa no lugar do *diktat* curricular. Aquilo que pretendemos dizer, na companhia de António Nóvoa, é que o bom professor além de ter que dominar aquilo que ensina, de saber compreender a gramática da sua cultura, de saber trabalhar em equipa, de assumir um compromisso social, deve, e para nós esta disposição é fundamental, possuir o dom do tacto pedagógico que metaforicamente pode ser traduzido de "saber conduzir alguém para a outra margem" (Nóvoa, 2009: 30 e 30-31).

Porém, este gesto arquetipal de conduzir, de transportar ou de guiar o outro, lembrando aqui a figura veneranda do barqueiro Vasudeva do *Siddharta* de Hermann Hess e o próprio deus Hermes na qualidade de *Seelenführer* (psicopompo), não releva só do conhecimento, mas também da arte de imaginar para além das margens instituídas, do saber escutar por além da palavra dita, enfim de possuir o dom de perscrutar a alma do Outro à semelhança dos grandes Mestres da Humanidade, tal como o fizeram Sócrates, Buda, Confúcio e Cristo (Jaspers, 2003), para guiá-lo na direção do seu destino. Mas não deverá o guia possuir uma das grandes virtudes do barqueiro do *Siddharta*, a saber a "de saber ouvir, coisa que acontecia a poucos" (Hesse, 1982: 110)?

## Referências

Araújo, A. F. (2006). Imaginário Educacional. In A. D. de Carvalho (Coord.), *Dicionário de Filosofia da Educação* (pp. 208-212). Porto: Porto Editora.

Bachelard, G. (1984). *Poétique de la rêverie*. 8e éd. Paris : PUF.

Bachelard, G. (2004). *L'Air et les Songes. Essai sur l'imagination en mouvement*. Paris : Le Livre de Poche/Librairie José Corti.

Bernardis, A. M. (2006). Jogo. In A. D. de Carvalho (Coord.), *Dicionário de Filosofia da Educação* (pp. 231-234). Porto: Porto Editora.

Caillois, R. (1990). *Os Jogos e os Homens. A máscara e a vertigem*. Trad. de José Garcez Palha. Lisboa: Cotovia.

Cassirer, E. (1972). *La Philosophie des Formes Symboliques. 2. La pensé mythique*. Trad. de Jean Lacoste. Paris: Les Editions de Minuit.

Ceia, C. s.v. Ficcionalidade. In C. Ceia (Coord.), *E-Dicionário de Termos Literários (EDTL)*. [Em linha] Documento *online* disponível em: http://www.edtl.com.pt

Ceia, C. s.v. Oximoro. In C. Ceia (Coord.), *E-Dicionário de Termos Literários (EDTL)*. [Em linha] Documento *online* disponível em: http://www.edtl.com.pt

Collodi, C. (2004). *As Aventuras de Pinóquio. História de um Boneco*. Trad. de Margarida Periquito. Lisboa: Cavalo de Ferro.

Durand, G. (1979). *A imaginação simbólica*. Trad. de Maria de Fátima Morna. Lisboa: Arcádia.

Eliade, M. (1992). *O Sagrado e o Profano*. Trad. de Rogério Fernandes. São Paulo: Martins Fontes.

Hesse, H (1982). *Siddhartha*. Trad. de Fernanda Pinto Rodrigues. 2ª ed. Lisboa: Editorial Minerva.

Huizinga, J. (2012). *Homo Ludens. O Jogo como Elemento da Cultura*. Trad. de João Paulo Monteiro. 7ª ed. São Paulo: Editora Perspetiva.

Jaspers, K. (2003). *Os mestres da humanidade: Sócrates, Buda, Confúcio, Jesus*. Trad. de Jorge Telles de Menezes. Coimbra: Almedina.

Jean, G. (1991). *Pour une pédagogie de l'imaginaire*. Paris: Casterman.

Maffesoli, M. (2008). *Iconologies: nos idol@tries postmodernes*. Paris: Albin Michel.

Mendes, P. s.v. Metáfora. In C. Ceia (Coord.), *E-Dicionário de Termos Literários (EDTL)*. [Em linha] Documento *online* disponível em: http://www.edtl.com.pt

Mucci, L. I. s.v. Simulacro. In C. Ceia (Coord.), *E-Dicionário de Termos Literários (EDTL)*. [Em linha] Documento *online* disponível em: http://www.edtl.com.pt

Nóvoa, A. (2009). *Professores. Imagens do futuro presente*. Lisboa: Educa.

Passmore, J. (1983). *Filosofía de la Enseñanza*. Trad. de Federico Patán. México: Fondo de Cultura Económica.

Reboul, O. (1994). *Introduction à la rhétorique*. Paris : PUF.

Wunenburger, J.-J. (1991). *L'Imagination*. Paris: PUF.

Wunenburger, J.-J. (2003). *L'Imaginaire*. Paris : PUF.

# 5

## Escola e utopia.
## A aprendizagem de Pinóquio [25]

Joaquim Machado de Araújo
*Universidade Católica Portuguesa*

Enquanto romance de formação, *As Aventuras de Pinóquio* contam o percurso evolutivo da formação de um ser, a quem, depois de lhe ser dada a forma física humana, falta a modelação moral para se tornar um rapaz de verdade e essa modelação passa por um processo que evolui da heteronomia para a autonomia. Esta *História de um Boneco* é escrita em finais do século XIX, o "século da escola", importante instituição para a construção do Estado nação, cuja frequência generalizada nos países do sul da Europa é garantida apenas no século XX, acompanha a passagem da produção manual

---

[25] Araújo, J. M. de (2018). Escola e utopia. A aprendizagem de Pinóquio. In F. Azevedo, A. F. Araújo e J. M. de Araújo (Coord.), *As vidas de Pinóquio. Ecos Literários e Educacionais* (pp. 59-77). Braga: Centro de Investigação em Estudos da Criança / Instituto de Educação. ISBN: 978-972-8952-36-5.

Este trabalho foi financiado por Fundos Nacionais através da FCT (Fundação para a Ciência e a Tecnologia) e cofinanciado pelo Fundo Europeu de Desenvolvimento Regional (FEDER) através do COMPETE 2020 – Programa Operacional Competitividade e Internacionalização (POCI) no âmbito do CIEC (Centro de Investigação em Estudos da Criança da Universidade do Minho) com a referência POCI-01-0145-FEDER-007562.

para a produção mecanizada e garante às classes populares o acesso a condições de vida melhorada.

A vivacidade de Pinóquio expressa-se em travessuras e atos de insubmissão e desobediência, de arrependimento e de promessa de mudança, de recaída e de reerguida, até que se "farta" de ser sempre um boneco e renasce para uma nova vida, assume-se como um novo eu (Meirieu, 1996: 31) e torna-se um menino de verdade (Araújo, Araújo & Ribeiro, 2012).

No percurso de formação de Pinóquio é reservado um lugar para o trabalho e para a escola, que, sendo importantes, atraem menos que a "brincadeira". Neste sentido, Pinóquio protela o tempo de trabalho e de estudo e prefere, primeiro, o Campo dos Milagres e, depois, a Terra da Brincadeira, lugares maravilhosos que lhe permitem experienciar que a utopia não mora aí mas são etapas marcantes na procura do melhor dos mundos possíveis para si.

O nosso objectivo é destacar as ressonâncias utópicas do percurso formativo de Pinóquio e problematizar o papel da escola relativamente a um caso de abandono escolar. Começamos por assinalar que a escola é uma utopia realizada pela modernidade em nome da promoção da utopia da igualdade dos cidadãos e que, enquanto organização social para a educação formal, não é da ordem da natureza, mas da cultura, o que ajuda a compreender a rejeição infantil do trabalho e da escola. Depois, distinguimos as características utópicas que Carlo Collodi imprime sobretudo à Terra da Brincadeira para evidenciar que a utopia já não mora aí (e, por isso, a obra é uma distopia) e interpretamos a metáfora asinina atribuída a quem abandona a escola e os livros. Finalmente, sinalizamos o papel regenerador da água como elemento de inversão de um processo até então de degeneração, resultando deste elemento primordial um "segundo nascimento" que faz emergir o lado bom de Pinóquio e faz dele um rapaz bem-comportado, mas também evidenciamos a insuficiência actual dos "avisos" morais para evitar o abandono escolar e garantir a educação escolar.

# A escola como utopia realizada

A modernidade comporta um grande impulso para a alfabetização de toda a população, que, em 1516, Tomás More coloca como uma das realizações da ilha de Utopia: é na *schola* que todas as crianças, meninos e meninas, são instruídas na língua materna (1978: 101). No século em que se começa a configurar a infância (Aries, 1973), é ainda no espaço indeterminado da Utopia que é colocada a definição de um espaço específico para a educação das crianças, ao mesmo tempo que permanece a integração destas na comunidade e a sua participação nas actividades produtivas. No entanto, fica marcado, mesmo que em lugar utópico, um tempo de afastamento do trabalho produtivo para uma idade específica de aprendizagem, que anunciam uma nova forma de socialização da infância e anuncia a escolarização universal como marcos de construção de uma sociedade feliz (Eutopia), mas só tornada possível "no dia em que as crianças puderam, até uma idade cada vez mais elevada, ser subtraídas ao ciclo da actividade económica" (Clausse, 1976: 282).

Coube aos sistemas educativos da modernidade a concretização desta utopia de todas as crianças serem instruídas na escola, em nome de uma sociedade nova – uma sociedade de seres humanos iguais e felizes – identificada com a nação, que requer para o ser humano um "segundo nascimento" que só a educação lhe pode proporcionar: "È a educação a que deve dar às almas a força nacional, assim como dirigir de tal maneira as suas opiniões e os seus gostos que cheguem a ser patriotas por inclinação, por paixão, por necessidade" (Rousseau, 1988: 68). A educação assume na modernidade um carácter social. Por meio dela se garante a coesão social: "A sociedade não poderia existir sem que houvesse em seus membros certa homogeneidade: a educação perpetua e reforça essa homogeneidade, fixando de antemão na alma da criança certas similitudes essenciais, reclamadas pela vida colectiva" (Durkheim, 2002: 31). Não lhe chega, pois, a dimensão individual da educação e o carácter social desta apela à "uniformidade" dos homens, que, diz

Kant (1983: 33), só é possível quando eles "obrem pelos mesmos princípios, e estes princípios cheguem a ser-lhes outra natureza". Nesse sentido, o fim da educação será, diz Stuart Mill (cit. in Durkheim, 2002: 26), aproximar o homem da perfeição da sua natureza.

A modernidade foi capaz de organizar a escola para a produção em larga escala, substituindo o *modo individual* de ensino pelo *modo simultâneo* (século XVIII) e pelo *modo mútuo* (século XIX), cujo processo de racionalização adequa-se melhor à revolução industrial. Por outras palavras, a organização escolar caracteriza-se pela divisão do trabalho dos alunos, pela especialização de funções docentes e pela seriação do espaço, do tempo, dos saberes e dos alunos (Barroso, 1993: 14).

Na escola de massas jogam-se, assim, "a utopia da promessa da modernidade e a burocracia do seu pôr-se em marcha" na crença de que tudo pode ser melhorado, tudo pode ser aprendido... "com muita ordem e método, como escrevem Diderot e D'Alembert (Terrén, 1999: 6 e 35).

A modernidade mobiliza, assim, a utopia da igualdade e marca-lhe um lugar e um tempo nas sociedades distópicas, evidenciando a dimensão distópica das concretizações históricas da utopia da *escola para todos* que, por sua vez, são concebidas como etapas necessárias na *longa marcha* da humanidade para a concretização da felicidade dos homens sem recurso a qualquer providência divina. Na verdade, utopia e burocracia cruzam-se na racionalidade e na "monotonia" do seu modo de pensar a ordem por oposição ao caos: na simetria e na regularidade, na geometria e na uniformidade, na "hostilidade" à natureza e na crença na educação, no dirigismo e no fechamento autárcico (Ruyer, 1988: 41-54).

A concretização do princípio da igualdade dos homens faz da aspiração da burguesia ascendente do século XVI e do ideal iluminista do século XVIII uma obrigação para todos, alterando a ordem de importância das coisas e transformando em objetivo o que era instrumental: se o objetivo era garantir uma escola para todas as crianças acederem à educação formal, garante-se que todas as crianças estão na escola para aí serem instruídas. E assim, para algumas crianças, a escola passa a ser o lugar onde se é obrigado a estar em vez de lugar onde se vai para aprender.

Contando *As Aventuras de Pinóquio*, Carlo Collodi faz da escola o instrumento social para ajudar a criança a operar o "segundo nascimento", a operar a passagem do estado de natureza para o estado de cultura, onde coloca a escola e o trabalho. Não dando informações detalhadas sobre a escola, faz dela, não o melhor dos mundos, mas sem dúvida o melhor dos mundos possíveis numa sociedade onde escola e trabalho andam associados.

Contudo, a utopia de uma criança não mora na escola. Numa primeira análise, a utopia de Pinóquio estaria numa terra só de brincadeira e o seu mundo está povoado do maravilhoso, como o milagre da árvore das patacas. Uma análise mais aprofundada dá conta da escola e do trabalho como ponto de chegada de um percurso individual de desenvolvimento moral que opera a passagem da heteronomia para a autonomia e faz da escola, não um lugar utópico, não o melhor dos mundos possíveis, mas um lugar por onde é necessário passar para alcançar a utopia, independentemente do lugar para onde ela hoje se tenha mudado.

## A escola não é da ordem da natureza

Pinóquio é expressão máxima do estado de natureza. Ele surge das mãos de um humano, Gepeto, que não o cria do nada, mas a partir de um pedaço de madeira com vida que Mestre António lhe dá. Gepeto pretende "construir um belo boneco de madeira; mas um boneco maravilhoso, que saiba dançar, fazer esgrima e dar saltos mortais", para com ele correr mundo e "granjear um naco de pão e um copo de vinho" (Collodi, 2004: 10).

Mas uma coisa é dar uma forma física humana ao bocado de madeira, outra coisa é modelar o bocado de madeira sob o ponto de vista moral. Este bocado de madeira com vida, isto é, com a vitalidade que a natureza lhe dá, faz traquinices, chora e sempre promete que, a partir daí, vai "ser bonzinho". No caso de Pinóquio, ele promete ir à escola, estudar, ser bom aluno, aprender um ofício e ser o consolo e o amparo na velhice de Gepeto, aquele que lhe deu a forma física humana.

Gepeto valoriza a escola como importante lugar de passagem na formação humana das jovens gerações e cumpre os deveres que a sociedade lhe exige. Mesmo sendo muito pobre – "não tinha no bolso nem um cêntimo" (Collodi, 2004: 55) – , com grande sacrifício providencia a Pinóquio a roupa adequada e compra-lhe a cartilha escolar. Se alguma falha pode hoje ser apontada a Gepeto, ela reside na garantia do dever de assiduidade, o dever de frequência efectiva das aulas por parte do educando, porque é o absentismo de Pinóquio que antecede o abandono da escola.

Por sua vez, Pinóquio não ilustra o tipo de criança que rejeita a escola ou que manifesta desinteresse por ela. Ele põe a cartilha debaixo dos braços, mete os pés a caminho e vai entusiasmado para a escola, aflorando à sua cabeça "mil pensamentos e mil castelos no ar, qual deles mais belo do que o outro" e, "falando sozinho, dizia: Hoje na escola quero aprender logo a ler, e amanhã aprenderei a escrever, e no dia seguinte a fazer os números. Depois, com a minha inteligência ganharei muito dinheiro, e com as primeiras moedas que me caírem no bolso quero mandar fazer um belo casaco de lã para o meu pai" (2004: 37). Quando, mais tarde, retorna à escola, ele é bem-comportado, "até o professor o gabava, pois via-o atento, estudioso, inteligente, sempre o primeiro a entrar na escola e sempre o último a pôr-se em pé quando as aulas acabavam" (2004: 120).

A ideia de base de Carlo Collodi é que Pinóquio é apenas uma criança e não é da sua natureza ir à escola ou aprender um ofício. A escola não é da ordem da natureza, mas, sim, uma organização social para a educação formal, realizada através de uma atividade especificamente formalizada e utilizando profissionais especializados como agentes educativos, exercida durante um período etário determinado e numa relação direta e prolongada entre educadores e educando (Pires, Fernandes & Formosinho, 1998: 63-70). Assim, logo que Pinóquio ouve bem longe uma música de pífaros e toques de tambor e tem que optar entre estes e a escola, a escolha tornou-se óbvia e a resolução foi rápida: "Hoje vou ouvir os pífaros e amanhã vou à escola: para ir à escola estou sempre a tempo – disse por fim aquele maroto, encolhendo os ombros" (Collodi, 2004: 38).

A "maroteira" de Pinóquio consiste em deixar de ir à escola, desfazer-se da cartilha escolar que muito custara ao pai, protelar o tempo de aprendizagem escolar e prolongar o estado de natureza. Ele não estava consciente da importância da escola para a inserção na vida económico-social do seu tempo, ao mesmo tempo que percebe "a oposição e ruptura" a que a escola supõe face ao seu habitual modo de estar e viver (Alvarez-Uria & Varela, 1991: 52): "Não tenho nem um bocadinho de vontade de estudar, e divirto-me mais a correr atrás das borboletas e a subir às árvores para tirar os passarinhos dos ninhos" (Collodi, 2004: 20).

A sua natureza tão-pouco o impele ao trabalho, à época alternativa honesta de socialização dos filhos das classes populares para quem a escola não agrada: "Entre todos os ofícios do mundo, há só um de que eu gosto. (...) O de comer, beber, dormir, divertir-me e levar a vida de vadio de manhã à noite" (Collodi, 2004: 21). Ele prefere o ócio ao trabalho, até porque "trabalhar é cansativo" (Collodi, 2004: 20). Contudo, nega a relação estreita – sublinhada pela etimologia – entre a escola e o ócio, entendido como não participação nas actividades produtivas de bens de consumo, e toma o ócio por "levar vida de vadio", sem leis, estatutos ou regras, isto é, "fazer nada, deixar-se arrastar nas doçuras de um inútil farniente"

(Clausse, 1976: 281-282), que está nos antípodas seja do mundo da escola seja do mundo da produção.

Ora, sendo a escola um lugar de trabalho, não seria o melhor dos mundos para todas as crianças, porquanto a abrangência da sua convivência escolar incluía "muitos malandros bem conhecidos pela pouca vontade de estudar e de se portarem bem", como observava o professor (Collodi, 2004: 120). Enfim, "más companhias" que, como advertia repetidas vezes a boa Fada, a qualquer momento acabariam por "fazer perder o amor ao estudo" a qualquer aluno que, primava por todas as qualidades que um escolar deve ter (Collodi, 2004: 120), como era o caso de Pinóquio.

## O Campo dos Milagres e a Terra da Brincadeira

No seu percurso de afastamento da escola e do trabalho, Pinóquio, o boneco de madeira, pensa como alguém que tem "uma cabeça de pau" (Collodi, 2004: 21) e, por isso, ainda é capaz de acreditar na lendária "árvore das patacas". Depois de receber do dono dos fantoches cinco moedas de ouro que seriam para Gepeto, Pinóquio deixa-se seduzir pela ideia de as multiplicar sem qualquer esforço num campo abençoado, o Campo dos Milagres, onde se podia fazer um buraco, meter uma moeda, cobrir o buraco com terra, regá-lo com água da fonte e deitar-lhe por cima uma mão cheia de sal que, durante a noite, enquanto se dorme descansadamente, a moeda germinaria e floresceria e tornar-se-ia "uma bela árvore carregada de tantas moedas de ouro quantos os grãos de trigo que pode ter uma boa espiga no mês de Junho" (Collodi, 2004: 53).

Tratou-se de um ato próprio de néscios que se deixam iludir por promessas de êxito facilmente garantido, como o indiciava, não apenas a toponímia da localidade onde se situava o Campo – a Terra dos Tolos –, mas também o estado de depauperação da natureza que o circundava e a "multidão de mendigos e de pobres envergonhados" que a povoava e por entre a qual "passavam de vez em quando algumas carruagens senhoris que transportavam alguma raposa ou alguma pega gatuna, ou então alguma ave de rapina" (Collodi, 2004: 82).

A lição que Pinóquio pode retirar do ludíbrio e do roubo de que fora vítima no Campo dos Milagres é a de que, para deixar de ser néscio, deve atender a todos os sinais que a sociedade lhe dá – como os que poderia ter observado, se tivesse a grelha de leitura adequada, aquando da passagem da cidade de Caça-Néscios (Collodi, 2004: 82) – e a de que, "para juntar algum dinheiro honestamente é preciso saber ganhá-lo, quer com o trabalho das nossas mãos quer com a inteligência da nossa cabeça" (Collodi, 2004: 86).

Mas, mais que o sonho da árvore das patacas, o que seduz Pinóquio é a Terra da Brincadeira, qual "Terra Prometida" dos meninos em idade escolar:

> Lá não há escolas, não há professores, não existem livros. Naquela bendita terra nunca se estuda. Ao sábado não há escola, e as semanas lá compõem-se de seis sábados e um domingo. Imagina tu que as férias de Verão começam no primeiro dia de Janeiro e terminam no último de Dezembro. (...) [Lá, os dias] Passam-se a brincar e a divertir-se de manhã à noite. Quando é noite vai-se para a cama, e na manhã seguinte começa-se a brincar outra vez (Collodi, 2004: 147).

São estas características da Terra da Brincadeira que atraem Pinóquio, que lhe fazem "crescer água na boca", que não lhe permitem tornar decisivas as suas respostas negativas ao convite de Palito, o seu amigo predilecto, aquele que comunga da mesma natureza (a madeira), mas aparenta ser mais frágil. A Terra da Brincadeira é um lugar para onde apetece ir porque a vida que nela se vive vale a pena ser vivida: "É uma vida que eu também faria de boa vontade!" (2004, p. 147); "- Que beleza de terra! Eu nunca lá estive mas imagino como é!"; "Que beleza de terra!"; "Que beleza de terra!... que beleza de terra!... oh! Mas que beleza de terra!" (2004: 149-150).

O encanto da Terra da Brincadeira vem-lhe da sua característica própria das utopias: "Um dos processos utópicos mais fáceis e mais elementares, que joga frequentemente quase só nas utopias mais primitivas, e que de facto nunca falta, é a inversão pura e simples da realidade. É evidentemente a experiência mental mais fácil" (Ruyer, 1988: 49). O sucesso da apresentação do "novo" mundo como a cópia invertida do mundo de que o utopista aspira a sair não advém, contudo, apenas da sua simplicidade, mas também porque "corresponde ao ressentimento oculto sob o desejo de poder do utopista, e ao negativismo do intelectual e do especulativo. (...) Face às imperfeições da realidade, a reflexão menos cansativa para a inteligência, e aquela que consola melhor o sentimento, é dizer-se que tudo iria melhor se se pusesse tudo ao contrário" (Ruyer, 1988: 50).

Outra característica é o do eudemonismo coletivo: "Vem daí connosco e viveremos todos felizes!", como apelam Palito e as vozes dos passageiros da carruagem que os conduz para utopia (Collodi, 2004: 152 e 153). Na verdade, a moral do utopista "apela ao que de mais elevado há na natureza humana", sem apelar a uma moral heróica ou a uma moral religiosa de salvação (mais própria dos profetas, dos fanáticos, dos apaixonados), e sonha apenas com a felicidade: "um mundo utópico, com instituições perfeitas, não tem necessidade nem do heroísmo na sua moral, nem do salvador na sua religião" (Ruyer, 1988: 52).

A terceira característica da Terra da Brincadeira é a de que nela não há limitação da liberdade de brincar: "Vamos para uma terra onde ninguém nos impedirá de brincar de manhã à noite". Este é, de facto, o argumento mais convincente para Pinóquio: "Façam lugar para mim; também quero ir" (Collodi, 2004: 153). Ele faz lembrar a única cláusula que havia na regra estabelecida por Gargântua na Abadia de Thélème: *Fais ce que vous voudra*, "Faz o que quiseres". Com a certeza de que cada um apenas dirá: "Joguemos" e todos jogam; ou "Brinquemos" e todos brincam (Rabelais, 1987: 215).

A Terra da Brincadeira insere-se, assim, mais naquelas utopias que, ao contrário das utopias minuciosas, quase que dispensam as instituições (Ruyer, 1988: 76) ou, no mínimo, faz dos jogos, dos divertimentos e das brincadeiras as próprias instituições utópicas. Na verdade, o utopista é "institucionalista", no sentido em que ele faz da instituição uma causa e não um efeito, ele crê nelas e sacrifica-lhes a natureza humana: ele esforça-se por adaptar o homem às instituições e não as instituições ao homem (Ruyer, 1988: 79). E, neste caso, o único beneficiário era o homenzinho da carruagem, aquele "mostrengo horrível que tinha um ar tão doce e suave", corria o mundo a recolher, com promessas e denguices, os rapazes mandriões que detestavam os livros e a escola, levava-os para a Terra da Brincadeira para os transformar em burrinhos, apoderar-se deles e ir vendê-los pelas feiras e mercados. "E, assim, em poucos anos ganhara muito dinheiro e tornara-se milionário" (Collodi, 2004: 170).

Por último, chegar a utopia é "renascer" para uma nova vida, é iniciar uma vida nova, tal como o dia renasce e "de manhã ao alvorecer chegaram felizes à Terra da Brincadeira" (2004: 155) Pinóquio, Palito e todos os rapazes viajantes para utopia: "Mal acabaram de pôr o pé na cidade meteram-se logo no meio da balbúrdia, e em poucos minutos, como é fácil de imaginar, tornaram-se amigos de todos. Ninguém podia estar mais feliz e contente do que eles" (2004: 156). Era a felicidade total: "Entre contínuos folguedos e divertimentos vários, as horas, os dias e as semanas passavam sem se dar por isso" (2004: 156). E, assim, durante cinco meses foi aquela maravilha de brincarem e se divertirem os dias inteiros, sem verem à sua frente nem um livro, nem uma escola, nem o professor, ... nem o pai, nem a mãe, ... nem qualquer um que pusesse entraves ao contínuo folgar e à felicidade total.

## O "segundo nascimento" de Pinóquio

Ao fim de cinco meses, tornam-se visíveis os frutos que recolhem "os miúdos que deixam de estudar e voltam costas aos livros, às escolas e aos professores para se entregarem completamente à brincadeira e ao divertimento" (2004: 154-155). Como advertia o burrinho que puxava a carruagem que levou Pinóquio e Palito para a Terra da Brincadeira, esperava-os um "triste fim", não simplesmente o de Midas que recebeu orelhas de burro, mas o de passar a ser absolutamente burro de corpo inteiro. Abandonar a escola e os livros é, assim, pela metáfora asinina, atitude pouco inteligente, teimosia estúpida, ignorância pura e implica dar-se um destino muito humilde, de trabalho pesado, de grande resistência física, "uma vida muito dura e de maus tratos" (2004: 170).

A redução ao estado animal e a autodescoberta como "burro" comporta vergonha e desgosto, choro e lamento pelo destino, mas não é ainda o ponto de viragem da vida de Pinóquio. Ele apenas sai da vida burro amestrado quando, tendo ficado coxo, é atirado para a água pelo novo dono que pretende afogá-lo para, depois, com a pele de burro morto fazer um tambor para a banda da sua terra.

É o banho de água (símbolo de vida, fecundidade, transformação, purificação) que o faz perder toda a capa de asno e volta à sua condição de "boneco vivo" de madeira. E é, depois, no mar, o lugar para onde foge do novo dono, que terá o seu "segundo nascimento", o seu renascimento para uma vida nova, a sua transformação em "rapaz bem-comportado".

Sendo devorado por um Tubarão, aí encontra Gepeto e toma a iniciativa da fuga, comanda as operações, transporta o pai às cavalitas e chega à margem, ao amanhecer, início de um novo dia e de uma nova vida: passa a dedicar-se ao trabalho e ainda encontra energias para exercitar a leitura e a escrita, instrumentos de cultura: "E ao serão exercitava-se a ler e a escrever. Na aldeia vizinha tinha comprado por poucos cêntimos um grande livro a que faltavam o frontispício e o índice, e nele praticava a leitura. Quanto à escrita, usava um pauzinho afiado a servir de caneta; e como não tinha tinteiro nem tinta, molhava-o num frasquinho cheio de sumo de amoras e cerejas" (2004: 204).

Neste aspeto, Collodi aproxima-se de Voltaire e faz de Pinóquio um novo Cândido, o inocente e simples que, depois de percorrer lugares que tinham sido utopias (as Reduções dos Jesuítas no Paraguai, a região do Eldorado) que se tornaram distópicas, aceita como válido o pressuposto do hortelão turco de que "o trabalho afasta de nós três calamidades: o aborrecimento, o vício e a pobreza" e conclui que "é preciso cultivar a horta", até porque, como filosofa o seu mentor, "quando o homem foi posto no Paraíso mandaram-no trabalhar; o que prova não ser o homem um ente criado para o repouso" (Voltaire, s/d: 153 e 154).

É, pois, este "segundo nascimento" que lhe permite deixar que o seu bom coração se revele, perceber que "já não era um boneco de madeira e que se transformara num rapaz como todos os outros" (2004: 206), e melhorar as condições materiais de vida, as próprias e as do pai.

Por outro lado, o final feliz da *História de um Boneco* mostra que a sua perspetiva dominante não é a do embrutecimento de quem abandona a escola, mas a capacidade que os seres humanos têm de se dar um destino, parecendo antecipar, de certo modo, a perspetiva de que a existência antecede a essência: "o homem primeiramente existe, se descobre, surge no mundo, e (…) só depois se define" (Sartre, s/d: 216).

Na verdade, independentemente de Gepeto ter criado o boneco segundo um determinado modelo mental e de este ter a natureza da madeira (fisicamente, mas também simbolicamente, por o homem ser uma árvore invertida), é Pinóquio que traça o seu destino e se torna responsável por si próprio, por si e pelo pai. A nossa interpretação (Araújo & Araújo, 2012: 52), contudo, é a de que a narrativa de Carlo Collodi se enxerta sobretudo, na perspectiva moderna de Pico della Mirandola  de que o homem é "um grande milagre e um ser animado, sem dúvida digno de ser admirado", porquanto, colocado no meio do mundo, árbitro e soberano artífice de si mesmo, pode plasmar-se e dar-se a forma que escolher para si: "Poderás degenerar até aos seres que são as bestas, poderás regenerar-te até às realidades superiores que são divinas, por decisão do teu ânimo" (1989: 53).

## Escola e formação

Na economia da obra, Pinóquio é o único responsável do seu "fracasso escolar" por ser ele o "autor" da fuga e, quanto à escola, sabe-se que ela sempre o recebeu e que o professor "bem avisava" Pinóquio, boneco modelado e aluno modelar, dos perigos das más companhias e dos efeitos nefastos destas na sua escolarização. Mas da escola nada mais se sabe, ficando ainda a sua promessa de um futuro melhor – traduzido em acesso em melhor emprego, melhor remuneração, melhores condições de vida, enfim, a mobilidade social – sugerido pelos pensamentos maravilhosos de Pinóquio no primeiro dia em que se dirige para a escola (Collodi, 2004: 37) e parcialmente concretizados após o seu "segundo nascimento", embora por ação mágica da Fada dos cabelos azul-turquesa.

Aliás, a dádiva é de tal dimensão que o próprio Pinóquio duvida se está acordado ou ainda está a sonhar e pretende saber "como se explica toda esta mudança repentina", respondendo-lhe o pai que se deve a ele, Pinóquio, que o mérito é dele, "porque quando os meninos eram maus e se tornam bons, têm a virtude de fazer com que até no seio das suas famílias tudo adquira um aspeto novo e sorridente" (2004: 207).

Por outras palavras, o objetivo de Collodi é lembrar a importância da escola na formação das crianças e alertar para o "triste fim" de quem dela foge, mais do que problematizar o papel da escola na formação do "homem novo" de que a "sociedade nova" precisa, discutir os comportamentos e as metodologias do professor que atraem ou afastam os alunos da escola, debater os problemas socioeducativos da educação escolar ou enfatizar as obrigações das estruturas escolares na captação do interesse das crianças e na erradicação do absentismo e do abandono escolar.

Foi por um processo de experienciação pessoal com momentos de gozo e momentos de dor que Pinóquio transitou do estado de natureza ao estado de cultura, tendo contribuído para esta transição as vozes de Gepeto, do grilo falante, da fada madrinha e do professor, que, associadas àquela, acabam por contribuir para a consciencialização da importância da escola enquanto instituição formal para a alfabetização generalizada das crianças. Por outras palavras, Pinóquio faz a transição do estado de natureza para o estado de cultura à margem da escola porque não foi capaz de manter o entusiasmo e o interesse inicialmente manifestos e decidiu alongar o estado de natureza. Ao adiar o estado de natureza, não agarrou a "oportunidade" de fazer a transição para o estado de cultura através da escola, enquanto instância de socialização privilegiada e atualmente tornada "maquinaria de governo da infância" e, por isso, lugar de passagem obrigatória para todos, nomeadamente para os filhos das classes populares (Alvarez-Uria & Varela, 1991: 14).

Mas é sempre tempo para aceder aos instrumentos de cultura que a escola faculta. E, por isso, Pinóquio "renascido" exercita-se agora na leitura e na escrita. Contudo esta sua exercitação não deixa de ser uma "oportunidade de segunda". É uma oportunidade de segunda, porque se processa para além da idade e do tempo socialmente estabelecidos, mas também porque se faz com instrumentos de qualidade inferior: a leitura assenta em material usado (em segunda mão) e truncado porque desgastado pelo tempo e pelo uso de outros – ao livro em que praticava a leitura faltavam o frontispício e o índice – e a escrita processa-se com material rudimentar – um pauzinho afiado a servir de caneta e sumo de amoras e cerejas a servir de tinta num frasco que serve de tinteiro.

À economia da narrativa de Collodi subjaz, pois, a ideia de que a passagem do estado de natureza para o estado de cultura pode fazer-se à margem da escola mas que, sem esta passagem, é bem mais difícil aceder aos instrumentos de cultura e sem a socialização escolar é deficiente a preparação para as funções sociais que a economia geral do sistema determina (Clausse, 1976: 292). Subjaz ainda a ideia de que são insuficientes os "avisos" morais do professor de Pinóquio para evitar o abandono da escola. Mas, ao contrário do que uma leitura superficial poderá indicar, os factores que o explicam não são apenas de natureza individual.

Na origem seja da fuga ao ingresso na escola seja do seu abandono por parte dos que nela ingressam, devem ser consideradas ainda causas de origem familiar, económica, cultural e social, a exigir medidas políticas adequadas. Mas devem também ser considerados fatores de natureza pedagógica e organizacional, pelo que se exige, atualmente, à escola que olhe para o seu interior, seja capaz de sinalizar os potenciais alunos abandonantes, evitar que o abandono aconteça e que cada aluno usufrua da escola como bem público. Exige-se, por isso, à escola, práticas de acolhimento e medidas de apoio e acompanhamento mais eficazes, porque as condições sociais tornam inconcebível uma criança fora da escola.

Na verdade, os desafios que se colocam à escola, enquanto lugar social da educação formal (Pires, Fernandes & Formosinho, 1998), têm a ver com os modos de lidar com as crianças que a rejeitam liminarmente e com aquelas que mostram apatia pelo que nela se passa, mas também por aquelas que não se moldam facilmente ao seu modo de socialização, mesmo que baseado no direito de todos à educação, e sentem a escola como lugar de enclausuramento, onde o "trabalho escolar" precede e substitui o trabalho produtivo e sobre o qual o professor forja com paciência e obstinação as naturezas de ferro (Platão) – que, ao contrário das naturezas de ouro ou de prata, incorporarão o "futuro exército do trabalho" – e as integra na ordem social estabelecida, nomeadamente através da realização de rotinas, da inculcação da

74

virtude da obediência e da submissão à autoridade e à cultura legítima (Alvarez-Uria & Varela, 1991: 26-54).

Neste sentido, a forma escolar parece atualmente "ferida de irreversível obsolescência" incapaz de fazer da escola "um lugar de hospitalidade" (Canário, 2005: 86 e 88), para o que se requer uma nova pedagogia, uma pedagogia da "hospitalidade" que desenvolva uma relação de "acolhimento" e pratique uma "ética da atenção" (Bárcena & Mèlich, 2000), uma "pedagogia da autonomia" dos educandos que garante os "saberes necessários à prática educativa" condizente (Freire, 2012), uma prática que valoriza a cultura da criança e desenvolve a inquietação indagadora e a criticidade, promove a individualidade e a integração no grupo de aprendentes, estimula a liberdade individual e a responsabilidade social, promove a autoria do conhecimento e da ação.

## Referências

Alvarez-Uria, F. & Varela, J. (1991). *Arqueología de la Escuela*. Madrid: Ediciones de La Piqueta.

Ambrósio, T. *et al.* (2001). *O Século da Escola – Entre a utopia e a burocracia*. Porto: Edições ASA.

Araújo, A. F. & Araújo, J. M. (2012). Trabalho, escola e brincadeira: A utopia de Pinóquio, *Teoria de la Educación*, 24(1), 41-55.

Araújo, A. F.; Araújo, J. M. & Ribeiro, J. A. (2012). *As Lições de Pinóquio: Estou farto de ser sempre um boneco*. Curitiba: Editora CRV.

Aries, P. (1973). *L'enfant et la vie familiale sous l'Ancien Régime*. Paris: Ed. du Seuil.

Bárcena, F. & Mèlich, J.-C. (2000). *La Educación como Acontecimento Ético: natalidade, narración y hospitalidad*. Barcelona / Buenos Aires: Paidós.

Barroso, J. (1993). *Escolas, Projectos, Redes e Territórios: educação de todos, para todos e com todos*. Lisboa: Ministério da Educação, Cadernos PEPT, nº 16.

Benavente, A. *et al.* (1994). *Renunciar à escola: O abandono escolar no ensino básico*. Lisboa: Fim de Século.

Canário, R. (2005). *O que é a escola? Um "olhar" sociológico*. Porto: Porto Editora.

Canavarro, J. M. (2007). *Para a compreensão do abandono escolar*. Lisboa: Texto Editores.

Chevalier, J. & Gheerbrant, A. (1994). *Dicionário dos símbolos: Mitos, sonhos, costumes, gestos, figuras, cores, números*. Lisboa: Teorema.

Cirlot, J.-E. (2000). *Diccionario de símbolos*. 4ª ed. Madrid: Siruela.

Clausse, A. (1976). *A Relatividade Educativa: Esboço de uma história e de uma filosofia da escola*. Coimbra: Livraria Almedina.

Collodi, C. (2004). *As Aventuras de Pinóquio. História de um Boneco*. S/l: Cavalo de Ferro.

Durkheim, E. (2002). *La Educación Moral*. Madrid: Ediciones Morata.

Formosinho, J. & Araújo, J. M. (2007). Anônimo do século XX: A construção da pedagogia burocrática. In J. Oliveira-Formosinho, T. M. Kishimoto & M. A. Pinazza (Orgs.), *Pedagogia(s) da Infância: Dialogando com o passado, construindo o futuro* (pp. 203-328). Porto Alegre: Artmed.

Freire, P. (2012). *Pedagogia da Autonomia: Saberes necessários à prática educativa*. Mangualde: Edições Pedago.

Kant, I. (1983). *Pedagogía*. Madrid: Akal.

Meirieu, P. (1998). *Frankeinstein Educador*. Barcelona: Laertes.

More, T. (1978). *De Optimo Reip. Statu deque nova insula Utopia, libellus vere aureus, nec minus salutaris quam festivus...* Présentation du texte original, apparat critique, exégèse, traduction et notes (édition bilingue) par André Prévost. Paris: Nouvelles Éditions Mame.

Pauli, J. (1977). *O Desperdício Escolar*. [Porto:] Rés.

Pico della Mirandola (1989). *Discurso sobre a Dignidade do Homem*. Lisboa: Edições 70.

Pires, E. L.; Fernandes, A. Sousa & Formosinho, J. (1998). *A Construção Social da Educação Escolar*, 2ª ed. Porto: Edições ASA.

Rabelais (1987). *Gargântua*. Mem Martins: Publicações Europa-América.

Rousseau, J.-J. (1988). *Proyecto de Constitución para Córcega. Consideraciones sobre el Gobierno de Polonia*. Madrid: Editorial Tecnos.

Ruyer, R. (1988). *L'utopie et les utopies*. Brionne : Gérard Monfort.

Sartre, J.-P. & Ferreira, V. (s/d). *O Existencialismo é um Humanismo*, 3ª ed. Lisboa: Editorial Presença.

Terrén, E. (1999). *Educación y Modernidad. Entre la utopía y la burocracia*. Rubí (Barcelona): Anthropos Editorial; A Coruña: Universidade da Coruña.

Voltaire (s/d). *Cândido ou o Optimismo*. Trad. de Maria Archer. Lisboa : Guimarães e C.ª Editores.

# 6

## Afinal, Pinóquio tinha razão?
## Imaginário educacional e pós-modernidade [26]

*José Augusto Lopes Ribeiro*
Investigador Independente

### Introdução

A nossa leitura da obra de Collodi tem como finalidade problematizar a ideia de humanidade, numa época em que o mundo se torna frio e indiferente ao bem-estar das pessoas e onde estas são tratadas como coisas. Pretendemos mostrar, num primeiro momento, em que medida este conto de aventuras pode ser enquadrado no projeto da Modernidade, enquanto crença no progresso e no poder da Razão para moldarem o mundo e o próprio Homem. Assim, a sociedade educadora tem plena confiança no potencial do homem e acredita que é um ser susceptível de aperfeiçoamento. Neste sentido, desenvolve-se o mito da educação como fabricação, como afirma Meirieu (1998: 34):

---

[26] Ribeiro, J. A. L. (2018). Afinal, Pinóquio tinha razão? Imaginário educacional e pós-modernidade. In F. Azevedo, A. F. Araújo e J. M. de Araújo (Coord.), *As vidas de Pinóquio. Ecos Literários e Educacionais* (pp. 79-88). Braga: Centro de Investigação em Estudos da Criança / Instituto de Educação. ISBN: 978-972-8952-36-5.

«todo o educador, sem dúvida, é sempre, em alguma medida, um Pigmalião que quer dar vida ao que 'fabrica'».

Num segundo momento, discutimos as consequências negativas da Pós-modernidade nas sociedades contemporâneas, analisando de que modo estas foram fortemente abaladas e sofreram mudanças vertiginosas. Por outro lado, a desorientação e a desregulação, em que vivemos, instalaram na Educação e na Escola uma crise sem precedentes. A sociedade democrática está a perder o seu valor enquanto instituição pedagógica, para Castoriadis *"as muralhas da cidade, os livros, os espectáculos, os acontecimentos educam, mas agora, na sua maioria deseducam os cidadãos."* Pela primeira vez as sociedades defrontam-se com a questão da impossibilidade de educar, as gerações vivem em mundos diferentes e o mundo torna-se hostil. Nas sociedades "pós-humanistas" as qualidades humanas voltam a ser discutidas: *"Afinal, Pinóquio tinha razão"*? Será que não passamos de "marionetas" que precisam de lutar para se tornarem "pessoas de verdade"?

## A construção do Homem: Pinóquio está farto de ser um boneco

O projeto civilizador da Modernidade está legitimado pela autoridade da razão para desenvolver a engenharia social, no sentido da sociedade harmoniosa e de um "Homem novo", promovendo a ordem e a obediência. Neste contexto, a nova educação acredita que a natureza humana é maleável e manipulável e que cabe à instituição escolar transformar o indivíduo num ser cultivado, disciplinado e moralizado.

Quando, em 1881, Carlo Collodi escreve o conto infantil *As aventuras de Pinóquio. História de um boneco*, o seu relato acerca das peripécias de um boneco enquadra-se, na nossa perspetiva, no modelo utópico da Modernidade que interpreta a educação como "fabricação: o boneco foi construído a partir de um pedaço de madeira e deverá ser transformado num menino de verdade.

Gepeto, seu criador, queixa-se de que "ainda a boca não estava acabada de fazer, quando começou de repente a rir e a fazer troça dele" (Collodi, 2004:16) Aquele que vai assumir a condição humana e viver como um igual entre os homens resiste a assumir um comportamento adequado e a obedecer. Este objeto concebido e fabricado pelo homem destina-se a ser manipulado, mas desobedece constantemente a seu pai e acaba por se meter em apuros.

Tal como a criança que se comporta de modo espontâneo e ignora as regras da sociedade, também Pinóquio revela a ingenuidade e a inocência da infância, seguindo por maus caminhos e adotando maus comportamentos, cedendo aos instintos e sofrendo a manipulação dos outros. À semelhança da criança, o boneco é brincalhão, tem bom coração e é afeiçoado ao pai e à família, mas, por outro lado, não tem juízo, é mentiroso e desobediente. A marioneta, para deixar de ser uma coisa, necessita de orientação e de conquistar o seu lugar na sociedade, tem de aprender as regras do bom comportamento e os verdadeiros valores. A metamorfose do boneco implica que este não seja entregue a si mesmo, ele precisa de ser educado para poder tornar-se um menino bom. Mas Pinóquio tem problemas para viver e para encontrar o bom caminho:

> Quantas desgraças me aconteceram! Porque eu sou um boneco teimoso e casmurro... e quero fazer sempre tudo à minha maneira, sem dar ouvidos àqueles que me querem bem e têm mil vezes mais juízo do que eu... Mas a partir de agora faço o propósito de mudar de vida e de me tornar um rapaz obediente e como deve ser (Collodi, 2004: 89).

Pinóquio está farto de ceder às tentações e aos impulsos, acabando por cair em sérias dificuldades:

> Fiz de mim um mandrião, um vadio; dei ouvidos às más companhias e por isso a má sorte me persegue sempre. Se tivesse sido um miúdo bem-comportado como tantos outros, se tivesse querido estudar e trabalhar [...]. Decide

prometer à Fada que vais ser bom e estudar, de maneira a
tornar-se um rapaz como deve: Oh, estou farto de ser
sempre boneco! – gritou Pinóquio, dando um murro na
cabeça. Acho que já é tempo de também eu ser um homem.
(Collodi, 2004: 94, 116).

Pinóquio está disposto a mudar, agora ele *vai* ao encontro das
expectativas dos adultos e reconhece o valor de ser obediente,
trabalhador e, principalmente, a importância da escola para ser um
verdadeiro homem.

Este é o autêntico caminho que deverá seguir o homem
moderno, acatando a ordem e os valores impostos pela sociedade.
Para romper com a vida de marioneta e deixar de manipulado por
tudo e por todos, Pinóquio assume os verdadeiros valores: "eu vou
estudar, vou trabalhar, vou fazer tudo o que me disseres, porque
afinal já estou farto da vida de boneco e quero transformar-me num
rapaz custe o que custar" (2004: 118). Trata-se, pois, de assumir o
trabalho e o estudo, obedecendo à Razão legisladora e cumprindo o
plano traçado pela sociedade para "fabricar" homens de verdade.
Pinóquio está nas mãos do seu construtor. Os bonecos podem
talvez ser caprichosos, mas os homens devem guiar-se pelos
imperativos da Razão. É bom que o boneco aprenda rapidamente
se quer viver entre os outros como um homem.

## A obsolescência do Homem: a sociedade Pós-moderna e o mal-estar na Educação

As mudanças radicais que abalam as sociedades
contemporâneas conduzem as pessoas a novos estilos de vida e ao
ensaio de estratégias de sobrevivência que possibilitem a adaptação
às transformações que ocorrem a uma velocidade estonteante. O
fenómeno da globalização e das novas tecnologias, a nova
economia, o consumismo desenfreado, o individualismo ou a
ideologia neoliberal, constituem algumas das dimensões que
tornaram disfuncionais as velhas instituições e provocaram a

desintegração social, criando insegurança e confusão nas pessoas. Deste modo, antigos valores como o esforço, o trabalho ou a autoridade, são estilhaçados e em seu lugar surgem o hedonismo, a sedução ou o consumismo. Vivemos numa sociedade que privilegia o imediato, o efémero e a aparência, onde a aceleração torna tudo obsoleto e exige sempre o novo, o que está na moda, obrigando as pessoas a uma reciclagem permanente de conhecimentos, princípios, valores e, mesmo de identidades - tudo se torna líquido e fluído.

Neste contexto, "o ensino - segundo Dietrich Schwanitz - transformou-se num reino das trevas. No seu interior evaporaram-se as ideias sobre o que devemos, afinal, aprender" (2004: 25). O nível de exigência baixou de modo acentuado e as notas foram inflacionadas. O conhecimento foi desvalorizado e a autoridade dos professores dilui-se. Por outro lado, a quantidade de teorias educativas e a diversidade de metodologias, conduziram, na perspetiva de Hannah Arendt (2006), ao desaparecimento do senso comum e são um sintoma da crise que vivemos na educação.

A autora identifica, entre outros, um problema que considera catastrófico e que tem a ver com a existência de um mundo das crianças, que se devem governar a si mesmas, criando uma "situação na qual o adulto, não só se encontra desamparado face à criança tomada individualmente, como fica privado de todo o contacto com ela" (Arendt, 2006: 191). Deste modo, a criança é banida do mundo dos adultos e deixada à sorte da tirania do respetivo grupo.

A atualidade da análise de Arendt é reforçada pelo estado em que se encontra o ensino e pelo mal-estar que encontramos na educação. A criança tornou-se um absoluto e foi afastada artificialmente dos adultos, vivendo num mundo à parte. Neste sentido, a escola deixou de estar centrada no conhecimento e passou a servir um "aluno-cliente".

No contexto de incerteza e de dificuldades em clarificar as verdadeiras prioridades a nível educacional que marcam o nosso tempo, a própria escola sofre uma significativa deterioração. A erosão da função educativa da família acabou por atirar para a escola todas as responsabilidades, acarretando repercussões negativas no estatuto do professor e no valor do próprio saber. A propósito da situação da escola, Lyotard considera que "assistimos a uma espécie de tempo morto no desejo de saber" e, pergunta o filósofo, "quem é que hoje deseja a escola?" (Lyotard, 1993: 53). A procura da utilidade imediata produz uma desregulação, agora o esforço e o trabalho para aprender são mínimos e o saber é desvalorizado.

Alvin Toffler (2007: 213) defende que "nenhuma instituição supostamente 'moderna' é mais disfuncional e obsoleta do que a responsável pelo ensino público, mesmo em países com economias avançadas". Para o autor, a escola está concebida como uma fábrica que procura um funcionamento cada vez mais eficiente, assente num princípio de educação em massa. As escolas preparam alunos para profissões que deixarão de existir, o autor chama a isso "roubar o futuro" e esclarece que este sistema não "consegue ajudar os miúdos a lidarem com a crescente complexidade e com as novas opções de vida com que se deparam em relação ao sexo, casamento, ética e outras vertentes da sociedade emergente" (Toffler, 2007: 385). A educação pública serviu, nas últimas décadas, a ideologia e as necessidades do industrialismo, cultivando a linearidade, a conformidade e a estandardização.

A ideologia neoliberal fomenta uma visão utilitária da educação e da escola, enquanto instrumentos de transmissão de tudo o que interessa à economia, em detrimento da formação humanística e dos valores. O sistema de ensino corre o perigo de degenerar num modelo empresarial onde aquilo que conta é a redução de custos e a rentabilização de resultados, promovendo a competição e o egoísmo enquanto mecanismos de sobrevivência num mundo em que cada um está entregue a si próprio.

A globalização e o neoliberalismo provocaram enormes danos nas sociedades contemporâneas, através desregulação, da precariedade e da incerteza. A fragmentação social é interpretada como liberdade para o indivíduo e como oportunidade de realização plena. O mundo, reduzido ao modelo económico, apresenta uma profusão de possibilidades e a tecnologia surge como uma panaceia para todas as situações.

Ao nível da educação, a crença incondicional na capacidade tecnológica para resolver os nossos problemas retira às pessoas sentido crítico na utilização dos artefactos tecnológicos. Daí que na atualidade, a criança saiba lidar com um smartphone antes de aprender a escrever e quando entra para a escola está sobresaturada com: tv, consolas, computadores e telemóveis.

Deste modo, o princípio do prazer e o princípio da realidade fundem-se, dando lugar a uma realidade melhorada: o mundo virtual. Agora o indivíduo não tem de adiar a satisfação, nem tem que desenvolver esforço, tudo está à distância de um *clic*. Assim, a criança e o jovem acabam por conquistar um mundo próprio, onde o adulto não tem lugar e que impossibilita a tarefa educativa ou, pelo menos, a torna mais conflituosa e desagradável. O prazer intenso obtido através da manipulação da tecnologia cria no jovem adição e dependência digital e estabelece um fosso entre este e o adulto (pais e professores), reforçando o estatuto de ser à parte, totalmente livre e sem limitações. O indivíduo torna-se uma espécie de lactente que absorve um "mundo líquido", sem necessidade de compreensão e incapaz de uma apropriação equilibrada a nível cognitivo e emocional: confundindo a realidade com a ficção, tornando-se mais impulsivo e menos reflexivo.

## Conclusão

Na contemporaneidade o homem tornou-se um objeto num mundo de objetos e é tratado como mais uma mercadoria que pode ser consumida. Perdemos a nossa humanidade e somos uma "marioneta" manipulada pela tecnologia, pela globalização e pelo consumismo. A reflexão deu lugar à impulsividade e ao conformismo. Vivemos, pois, numa vertigem de absorção desenfreada sem qualquer necessidade de compreensão. Deste modo, somos despojados das nossas qualidades humanas e transformados em consumidores passivos. Como explica Gunther Anders: "hoje, o modelo de receção sensorial não é, como na tradição grega, o ver, nem, como na judaico-cristã, o escutar, mas o comer" (Anders, 2011: 255). Estamos escravizados pela acessibilidade e pela disponibilidade, "tudo está aí", o mundo apresenta-se em estado líquido para ser sugado e liquidado.

A condição humana é, pois, fortemente abalada, já que os indivíduos alienam a sua liberdade e submetem-se a um condicionamento que os coisifica. Tornamo-nos "bonecos de madeira", somos todos Pinóquios, meras marionetas manuseadas pela tecnocracia. Afinal, Pinóquio tinha razão: "que cómico que eu era, quando era boneco! E que contente estou agora por me ter transformado num rapazinho como deve ser!" (Collodi, 2004:208). Enquanto boneco ele sofreu com as suas travessuras, com os maus impulsos e as más companhias, agora sente vontade de se transformar num rapaz, em assumir a condição de menino.

Também o homem pós-moderno sente que a promessa da Modernidade está esgotada, o tempo curto da felicidade revela o seu lado obscuro, o mundo deixa de ter lugar para o ser humano. No mundo líquido-moderno, os educadores têm de enfrentar novos e exigentes desafios: "a finalidade da educação nesses casos é contestar o impacto das experiências do dia-a-dia, enfrentá-las e por fim desafiar as pressões que surgem do ambiente social" (Bauman, 2007: 21). A educação tem de reagir contra a acomodação, a tecnocracia e a mercantilização, procurando revitalizar a vida cívica e exercer um papel determinante na humanização dos indivíduos, de modo a tornar o mundo mais hospitaleiro. Temos de nos transformar em "pessoas de verdade" e transformar o mundo:

o consumidor é inimigo do cidadão...Por toda a parte desenvolvida e abastada do planeta, abundam sinais de pessoas dando as costas à política, de uma crescente apatia e da perda de interesse pelo processo político. Mas a democracia não pode sobreviver por muito tempo diante da passividade dos cidadãos em função da ignorância e indiferença políticas. (Bauman, 2007: 164)

Neste sentido, a mensagem de Collodi apela ao papel transformador da escola e da educação na promoção do humano. Contudo, o projeto da Modernidade de "fabricar" o homem, deve dar lugar a uma pedagogia crítica: "a sua principal responsabilidade é facultar um espaço onde a complexidade do conhecimento, da cultura, dos valores e das questões sociais possa ser explorada através do diálogo aberto e crítico no seio de uma cultura viva de questionamento" (Giroux, 2007: 31).

Estamos confrontados com uma nova desordem e perturbação que nos obrigam a pensar de modo diferente, criando condições para uma formação dos estudantes tendo em conta o questionamento, a crítica e a luta por uma transformação social de maneira a construir um mundo mais humano.

À semelhança da proposta de Collodi, temos de encontrar uma visão alternativa que possibilite o desenvolvimento da pessoa de maneira a contrariar a progressiva desumanização do mundo. Tal como Pinóquio está farto de ser um boneco também o indivíduo contemporâneo anseia por se tornar verdadeiramente humano. Pinóquio disse à Fada: "já estou farto da vida de boneco e quero transformar-me num rapaz custe o que custar. Prometeste-mo, não é verdade?" - e a Fada responde-lhe: "Prometi, e agora depende só de ti" (Collodi, 2004: 118). Depende de nós combater os riscos que ameaçam a sociedade e a educação, procurando melhorar a qualidade da situação do mundo e promovendo a metamorfose que transformou um "pedaço de madeira" numa pessoa de verdade.

# Referências

Anders, G. (2011). *La Obsolescencia Del Hombre Sobre La Destrucción de la Vida en la Época de la Tercera Revolución Industrial. (Vol II)* Trad. Josep Monter Pérez. Valencia: Pre-Textos.

Arendt, H. (2006). *Entre o Passado e o Futuro. Oito Exercícios sobre o Pensamento Político.* Trad. de José Miguel Silva. Lisboa: Relógio D'Água.

Bauman, Z. (2007). *Vida Líquida.* Trad. de Carlos Alberto Medeiros. Rio de Janeiro: Zahar.

Collodi, C. (2004). *As Aventuras de Pinóquio. História de um Boneco.* Trad. de Margarida Periquito. Lisboa: Cavalo de Ferro.

Giroux, H. (2007). *Tempo Público e Esperança Educada: Liderança Educacional e a Guerra Contra os Jovens.* Trad. Leontina Luís. Mangualde: Edições Pedagogo.

Lyotard, J.-Fr. (1993). Entrevista com Jean-François Lyotard. In A. Kechikian (Coord.), *Os Filósofos e a Educação* (pp. 47-53). Trad. de Leonel Ribeiro dos Santos *et all.*. Lisboa: Colibri.

Meirieu, P. (1998). *Frankenstein Educador.* Trad. de Emili Olcina. Barcelona: Editorial Laertes.

Schwanitz, D. (2006). *Cultura. Tudo o que é preciso saber.* Trad. de Lumir Nahodil. 6ª ed. Lisboa: Dom Quixote.

Toffler, A.; Toffler, H. (2007). *A Revolução da Riqueza. Como será criada e como alterará as nossas vidas.* Trad. de Carla Pedro. 2ª ed. Lisboa: Actual Editora.

# 7

# João Faz-de-Conta, o irmão brasileiro de Pinóquio: das invencionices de Monteiro Lobato [27]

Eliane Debus
*Universidade Federal de Santa Catarina*

O escritor Monteiro Lobato (1882-1948) publicou seus livros para crianças entre o período de 1920 e 1947, deixando como legado uma produção significativa e, ousamos dizer, ainda sem precedentes na história da literatura para infância brasileira se levarmos em conta estratégia – tão em voga na atualidade – de construir uma série de livros, totalizando 22 títulos, em que as personagens fixas vão sendo aos poucos acrescentadas a um micro universo – O Sítio do Picapau Amarelo –, e que em alguns momentos se desdobram em outras tantas histórias, como *Reinações de Narizinho*, que é composta de 11 narrativas, a par de outros títulos, como *Histórias Diversas*, e textos esparsos, publicados pós-morte do autor.

---

[27] Debus, E. (2018). João Faz-de-Conta, o irmão brasileiro de Pinóquio: das invencionices de Monteiro Lobato. In F. Azevedo, A. F. Araújo e J. M. de Araújo (Coord.), *As vidas de Pinóquio. Ecos Literários e Educacionais* (pp. 89-102). Braga: Centro de Investigação em Estudos da Criança / Instituto de Educação. ISBN: 978-972-8952-36-5.

Ele começa a escrever oficialmente para o público infantil em 1920, quando em fragmentos pela *Revista do Brasil* traz a público *A menina do narizinho arrebitado*, apresentando no ano seguinte a narrativa em livro com o título de *Narizinho Arrebitado*. Porém, desde 1912 ele já direcionava seu olhar para esse setor editorial, considerando-o pobre e enfadonho. Das críticas ao livro estrangeiro de maior circulação a época em solo brasileiro *Coração*, de Amicis, ao livro de fábulas de João Kopek, bem como as leituras que circulavam nas escolas com "seus horrorosos livros de leituras didáticas" que ensinava as crianças a considerar "a leitura como um instrumento de suplício", Lobato (1964b: 88) previa que "[...] enquanto a literatura for entre nós planta de estufa – desabrochada em flores como as quer a elite, e enquanto a pedagogia for a própria arte de secar as crianças com o didatismo cívico, criando logicamente, o irredutível à leitura que caracteriza o brasileiro".

Interessava ao escritor a curiosidade infantil, suas construções de brincadeiras e apropriações do brinquedo. Constatações estas que podem ser evidenciadas por meio de várias manifestações, em artigos de jornais, cartas, prefácios, entre outras. Um olhar adulto atento às aventuras da infância:

> As crianças desadoram os brinquedos que dizem tudo, preferindo os toscos nos quais a imaginação colabora. Entre um polichinelo e um sabugo, acabam conservando o sabugo. É que este ora é um homem, ora uma mulher, ora é carro, ora é boi – e o polichinelo é sempre um raio de polichinelo. (Lobato, 1972: 18).

Os brinquedos que não dizem tudo aparecem como personagens no Sítio: uma boneca de pano asneirenta e dadeira de ideias, um sabugo de milho que é Visconde, um vidro vazio de óleo de rícino faz, às vezes, do leitão Rabicó, em *O marquês de Rabicó*, e o boneco de pau João Faz-de-Conta, o irmão de Pinóquio, levando ao pé da letra a crença de que as crianças desadoram aqueles brinquedos que dizem tudo. Todos são humanizados pela pena do escritor e, muitas vezes, o leitor acaba por esquecer que um dia foram inanimados, incorporando-os, pelo pacto ficcional, aos personagens humanos de "carne e osso" que habitam o Sítio, como Dona Benta, Tia Nastácia, Narizinho e Pedrinho.

Para essa criança-leitora vivaz e cheia de imaginação, Lobato propõe uma escrita sem pieguices ou puerilidades, em que era necessária uma linguagem própria que lhe tocasse a imaginação, como lhe havia tocado na infância os livros de Júlio Verne e as aventuras de Robinson Crusoé: "A Júlio Verne todo um mundo de coisas eu devo! E a Robinson? Falaram-me à imaginação, despertaram-me a curiosidade – e o resto se fez por si" (Lobato, 1972: 17). Queria ele como escritor construir uma literatura que provocasse o gosto pela leitura literária, ultrapassando a esfera do hábito e se tornasse vício, pois ler é "[...] um vício que a gente adquire em criança" (Lobato, 1945: 2).

A escola, que seria o local de aproximação entre leitor e texto literário, torna-se local de suplício, como alerta o autor em artigo de 1920, sobre "Os livros fundamentais", em particular os livros de leituras didáticas, que, segundo Lobato (1964a: 84), são "[...] coisas soporíferas, leituras cívicas, fatidiosas patriotices" que fazem com que se saia da escola "[...] com esta noção curiosíssima, embora lógica: a leitura é um mal; o livro, um inimigo; não ler coisa alguma é o maior encanto da existência" (Lobato, 1964a: 84).

Para romper com esse encaminhamento de "[...] veicular as estopadas bocejantes do desagradável tempo de prisão escolar" (Lobato, 1964a: 85), Lobato busca por uma linguagem clara como água de pote/transparente como clara de ovo que acompanhou a sua trajetória de escrita. Respeitando as especificidades desse público, sem menosprezar a sua capacidade leitora, o escritor apresenta na composição de sua literatura infantil três aspectos principais para a sua aceitação e sucesso junto ao leitor mirim: o vocabulário, o estilo e a linguagem (Debus, 2004).

Esses aspectos dialogam com as temáticas escolhidas para a construção de suas narrativas e como elas são tecidas, muitas vezes, intertextualmente, com a sua produção literária e de outros escritores para infância. No caso deste texto, nos debruçaremos sobre a narrativa *O irmão de Pinóquio*, datada de 1929, e, como o próprio título já anuncia, os estreitos laços tecidos com o livro *As aventuras de Pinóquio*, do escritor italiano Carlo Lorenzini, conhecido pelo nome que assinava seus textos, Carlo Collodi. Desse modo, busca-se evidenciar o diálogo traçado com essa produção e as transgressões lobatianas desse/nesse percurso.

## Do outro lado do mar: nasce o irmão brasileiro de Pinóquio

A produção literária do brasileiro Monteiro Lobato e do italiano Carlo Collodi por certo pode e já foi comparada devido à criação de suas personagens, o primeiro pela boneca Emília e o segundo pelo boneco Pinóquio, personagens que seduziram e seduzem gerações de leitores e também já receberam críticas por seus comportamentos não convencionais. Azevedo (2013: 6) destaca que a obra de Collodi "[...] mostra-nos, pois, um ser, sem preocupações morais ou sociais, abrindo, com uma grande dose de humor, a porta do picaresco e maravilhoso", e Coelho (2000: 146) elenca algumas características ambíguas da boneca como os desmandos, a esperteza, "[...] aceitação da violência para obter a paz, entre outros, que leva a estudiosa a afirmar como "compreensível a reação negativa de muitos adultos, que tinham a seu cargo a orientação das crianças".

Emília, nascida em terras brasileiras, foi confeccionada por Tia Nastácia com tecido, recheio de macela, olhos de retrós preto; muda ganha a fala por meio das pílulas falantes do doutor Caramujo quando em visita ao maravilhoso Reino das Águas Claras; a boneca permanentemente vive suas aventuras de forma irreverente e crítica, se auto aclamando: "Sou a independência ou morte" (Lobato, 1994: 48). Pinóquio, nascido em terras italianas, foi esculpido pelo carpinteiro Gepetto de um pedaço de pau; já nasce falante e vive suas aventuras em busca do prazer inconsequente até ser castigado e receber o perdão da fada azul, transformando-se em menino.

Sueli Cagneti (2013), em "Emília e Pinóquio: de bonecos falantes a seres conscientes", realiza um trabalho comparativo entre ambas as personagens e o contexto de criação, destacando 18 pontos de semelhanças e distanciamentos, e, talvez, o mais marcante que gostaríamos destacar está na consciência que ambos adquirem por meio da linguagem. No entanto, o personagem masculino do século XIX conclui "[...] que é preciso adaptar-se ao mundo e suas regras", já a personagem feminina do século XX conclui "[...] que é preciso ser agente da própria história" (Cagneti, 2013: 49).

Embora saibamos o quanto frutífero o caminho comparativo possa ser, optamos, como já destacado, trazer à cena a narrativa *O irmão do Pinóquio* (Lobato, 1993). Este livro foi publicado no Brasil em livro em 1929, período que o escritor residiu nos Estados Unidos. Quando de sua volta ao Brasil, em 1931, reuniu um conjunto de 11 narrativas, publicadas anteriormente de forma isolada, em um único exemplar como conhecemos até hoje, denominado *Reinações de Narizinho*, um livro "trezentas páginas em corpo 10 – livro para ler, não para ver, como esses de papel grosso e mais desenhos do que texto" (Lobato, 1964b: 329), e é onde hoje a narrativa em análise se encontra.

Vale destacar que Lobato, a par de sua produção literária, também se profissionalizou no ofício de tradutor e muitos livros estrangeiros do universo da infância e juventude foram traduzidos e adaptados por ele para o português, entre eles está a sua tradução e adaptação de *As aventuras de Pinóquio*, com o título *Pinóquio*, publicado pela Companhia Editora Nacional em setembro 1933 (Arroyo, 1968: 31). Faz-se necessário destacar esse ofício, porque acreditamos que eles se entrelaçam: primeiro o exercício de adaptar a narrativa para o universo do Sítio do Picapau Amarelo, trazendo a personagem e a narrativa estrangeira para as coisas da terra (1929), em diálogo intenso com as personagens do Sítio, depois a transposição da narrativa para a tradução (1933).

## A história de Pinóquio chega ao Sítio do Picapau Amarelo

A narrativa *O irmão de Pinóquio* (Lobato, 1993) tem início com a informação de que Dona Benta, a contadeira oficial de histórias do Sítio do Picapau Amarelo, depois de estar sem repertório que nem "bagaço de caju", recebe pelo correio, de uma livraria de São Paulo, o livro *Pinóquio* e propõe aos demais personagens a sua leitura em fatias diárias. A leitura da narrativa de Collodi servirá para a apresentação, pela primeira vez na obra infantil de Lobato, dos métodos utilizados (contar em sessões diárias, dividindo a narrativa e capítulos e imitar as vozes das personagens) por Dona Benta para narrar as histórias de outros autores, como acontecerá em *Peter Pan* (1930), *Dom Quixote das crianças* (1936), entre outros títulos.

A prática individual e solitária da leitura silenciosa é solicitada por Pedrinho, ao perceber a chegada do livro no Sítio. No entanto, Dona Benta comunica o seu método de ler em capítulos e seus objetivos: "– Alto lá! – interveio Dona Benta. Quem vai ler o *Pinóquio* para que todos ouçam, sou eu, e só lerei três capítulos por dia, de modo que o livro dure e nosso prazer se prolongue" (Lobato, 1993: 106).

Como já destacado, a reflexão sobre a linguagem composicional das narrativas, como uma constante na feitura lobatiana, assevera-se nessa narrativa em que ele faz uma crítica literal aos livros infantis que circulavam no Brasil daquele período. Os vocábulos descontextualizados e distantes das vivências dos leitores fazem com que Dona Benta proceda a uma "desopilação" no texto ao trazer para as crianças:

A moda de Dona Benta ler era boa. Lia 'diferente' dos livros. Como quase todos os livros para crianças que há no Brasil são muito sem graça, cheios de termos do tempo do onça ou só usados em Portugal, a boa velha lia traduzindo aquele português de defunto em língua do Brasil de hoje. Onde estava 'lume', lia 'fogo'; onde estava 'lareira' lia 'varanda'. E sempre que dava um 'botou-o' ou 'comeu-o', lia 'botou ele', 'comeu ele' – e ficava o dobro mais interessante. (Lobato, 1993: 106).

Os comentários realizados pelo narrador e pelas personagens nos levam a crer que a edição era portuguesa e o escritor faz a sua crítica, sempre constante, sobre os livros que de lá vinham.

Outra característica destacada nesse livro, e que não aparece em outras narrativas, é a fórmula adotada pela narradora de imitar as falas das personagens. O livro de origem italiana recebe uma imitação própria: "Dona Benta começou a arremedar a voz de um italiano galinheiro que às vezes aparecia pelo sítio em procura de frangos; e para o Pinóquio inventou uma vozinha de taquara rachada que era direitinho como o boneco devia falar" (Lobato, 1993: 107). Constata-se aqui o exercício de leitura dramatizada efetivado pela Dona Benta.

A leitura da história italiana fica restrita aos três capítulos lidos no primeiro serão. A boneca Emília dadeira de ideias se entusiasma com a história do boneco de pau e propõe que "Se Pinóquio foi feito de um pedaço de pau vivente, bem pode ser que ainda haja mais pau dessa qualidade no mundo" (Lobato, 1993: 107), criando em Pedrinho o desejo de viajar a Itália em busca de um pau vivente, logo descartada pelo sabugo de milho, Visconde de Sabugosa, que acredita que a natureza é idêntica em toda parte e que no Sítio por certo haveria uma madeira com "propriedades pinoquianas". Emília, por sua vez, executa um estratagema para que o menino pense que realmente existe um pau vivente e ganhe como recompensa um "cavalinho de pau sem rabo".

A relação estreita de diálogo com o livro de Collodi movimentará a narrativa lobatiana, que estará entretecida com vozes de vários discursos e a inserção de personagens de outros contos para infância, como a Capinha Vermelha, Peter Pan e o Barba Azul.

Introduzindo a concepção dialógica bakhtiniana de que o escritor já não é o "Adão bíblico" em busca do verbo primeiro, pois todo texto está sempre "habitado" por outras vozes, por outros textos já escritos.

Para Bakhtin (1993), a palavra constitui um elo de ligação entre vários discursos. Ela não é estática, mas um signo social dialético, dinâmico e vivo, por isso ativa e mutável; portanto, nunca é neutra e está sempre a serviço de algo, carregando consigo as interpretações e pressões dos contextos que já integrou. O autor vinculou o texto literário à história e à sociedade, vistos como outros textos possíveis de leitura e inserção do escritor ao produzir seu texto. Designa como dialogismo a relação de um enunciado com outro enunciado. Nesse contexto, a palavra tem duplo sentido, voltando-se para o objeto do discurso enquanto palavra comum e para o outro discurso, para o discurso de um outro. Assim, todo texto comportaria o diálogo de vários discursos: a do emissor, do destinatário e do contexto ou de contextos anteriores.

O texto de Lobato centrar-se-á na criação de um irmão para o Pinóquio, para isso Pedrinho conclama a todos para participarem de um concurso de desenho. Impossível de eleger o melhor pelo voto, o destino levou em conta a sorte (colocando o nome dos participantes em um papelinho), sendo a sorteada Tia Nastácia que "[...] ficou encarregada de dar forma humana ao pedaço de pau vivente, pondo assim no mundo o irmão de Pinóquio" (Lobato, 1993: 111).

Surge o boneco de pau que é apresentado ao grupo em meio a um desapontamento geral:

> [...] porque realmente não se poderia imaginar coisa mais feia, nem mais desajeitada. Os braços saíam do meio do corpo, quase; os pés não tinham jeito de pés; o nariz era um fósforo cabeçudo espetado no meio da cara; e a cabeça, em forma de castanha de caju, estava pregada nos ombros por meio de um prego torto, cuja ponta aparecia nas costas. (Lobato, 1993: 112).

O nome João Faz-de-Conta é dado pela boneca Emília, que se torna nesse momento a melhor "botadeira de nome do sítio". Assim, ela justifica a escolha: "– João, porque ele tem cara de João. Todo sujeito desajeitado é mais ou menos João. E Faz-de-Conta, porque só mesmo fazendo de conta se pode admitir uma feiura desta. Faz-de-Conta que não é feio. Faz de conta que não tem ponta de prego. Faz de Conta..." (Lobato, 1993: 112).

Não se tornando humanizado, o boneco é jogado por Pedrinho para cima do armário da sala do jantar, e só é relembrado tempos depois quando Narizinho sai para passear e resolve levá-lo junto, pois "talvez os ares do ribeirão lhe façam bem". Deitada sobre a raiz do Ingazeiro a beira do ribeirão, a menina cerra os olhos, "[...] porque o mundo ficava três vezes mais bonito quando cerrava os olhos", e é nesse momento que ela percebe que o irmão de Pinóquio se espreguiça e começa a conversar. Humanizado, boneco e menina deparam-se com as ninfas do bosque e um fauno, bem como todo o mundo das maravilhas.

E eles acabam por se encontrar com uma fadazinha disfarçada de vespa e que tenta ferroar Narizinho. "O boneco era feio, mas tinha a alma heróica" (Lobato, 1993: 117), então, ele pega o prego que liga sua cabeça ao corpo e avança sobre a vespa (fada), que procura um alfinete de pombinha (que está de posse da boneca de pano), poderosa vara de condão que servirá para transformá-la em uma fada poderosa. Estando de posse do alfinete Emília pode virar a primeira fada de pano.

Narizinho busca sair da floresta quando avista uma casa e encontra lá dentro nada mais nada menos que a menina da Capinha Vermelha. Nesse jogo intertextual, Lobato dialoga com sua produção, pois a Capinha já havia estado no Sítio "[...] no dia da recepção dos príncipes encantados e ficara gostando muito de Narizinho e Emília, tendo-as convidado para virem passar uns dias com elas" (Lobato, 1993: 117). A personagem feérica sabendo do acontecido com Faz-de-Conta acaba por narrar que havia encontrado um "objeto, feito castanha de caju", e estava descoberta a cabeça do boneco. Com a cabeça no lugar Faz-de-Conta narra sua luta com a vespa e conta o seu encontro com o menino da Terra do Nunca, Peter Pan, quando grita para Narizinho fechar os olhos porque o terrível Barba Azul se aproximava "com uma enorme faca de matar mulher" (Lobato, 1993: 118).

O susto faz com que menina desperte sobressaltada nas raízes do ingazeiro e sacode o boneco que estava novamente imóvel, contestando "– Que pena! – murmurou Narizinho. Mudei de estado outra vez. Estou agora no estado de todos os dias – um estado tão sem graça..." (Lobato, 1993: 118). Segundo a explicação da menina para seu primo Pedrinho, em certos momentos é possível de mudar de estado "e começa a ver coisas maravilhosas coisas que estão a redor de nós", segundo ela o boneco tinha um nobre caráter "tem gênio muito diferente do de Pinóquio. Muito mais sensato e, além disso, valente e leal" (Lobato, 1993: 118).

A narrativa termina em aberto: Emília virou fada? Capinha e Peter Pan voltaram ao Sítio? João Faz-de-Conta reaparece e vira gente? São questionamentos que ficam em sem resposta. Os dois primeiros são reapresentados em outras narrativas, pois Emília, sem dúvidas, é uma "fada" de pano e Capinha Vermelha e Peter Pan, por seu turno, reaparecem em vários outros títulos de Lobato. No entanto, João Faz-de-Conta faz essa única aparição nas narrativas lobatianas.

Embora o boneco não tenha se tornado um personagem fixo no sítio, como o rinoceronte, Quindim (que fugiu de um circo) ou o Burro falante (que veio do mundo das fábulas), a sua presença ainda é referida por anos pelos leitores e pelo próprio Monteiro Lobato.

Merece destaque nos registros que trazem a voz de Lobato, a mensagem registrada por ele no álbum de autógrafos de Hilda Villela Merz em 1937. A menina tinha 10 anos e ele constrói uma denominada "Cena Futura", ambientada em 1987. Na cena a menina, já mulher madura, rodeada por seus netos, perpetuaria as leituras da infância contando-as às novas gerações:

A venerável matrona, dona Hilda Villela, está contando histórias aos seus quatro netinhos.
– Conte, vovó, diz a Hildinha, de sete anos, conte outra vez a história da Emília, marquesa de Rabicó.
Dona Hilda fica pensativa e com os olhos voltados para o passado diz:
– Sabem vocês que eu, quando era menina, conheci o autor dessa e de tantas outras histórias?
As crianças ficaram assanhadíssimas por saber como era o autor de tais histórias.
– Lembro-me muito bem, disse a vovó, do dia em que levei ao escritório dele um pequeno álbum de autógrafo que eu possuía; esse álbum... onde andará ele agora? Sumiu...
– Mas como era o tal autor das histórias? Um homem bonito, louro, alto?
– Nada disso! Feinho, pequenininho, pretinho, de bigodinho implicante. Chama-se Monteiro Lobato e tinha a mania do petróleo... Lembro-me muito bem um dia em que o convidaram para almoçar em nossa casa. Tínhamos então uma cozinheira muito melhor que a Tia Nastácia...
– E ele foi?
– Foi sim, e comeu tanto que até se engasgou.
– Engasgou? Coitado! E não morreu?
– Não. Morreu vinte anos mais tarde, afogado num poço de petróleo. (Debus, 2004: 266).

Junto a essa narrativa seguem os autógrafos das personagens do Sítio: Emília, Rabicó, Visconde de Sabugosa, Pedrinho, Narizinho, Nastácia, Burro falante, Quindim, Dona Benta e João Faz-de-Conta. Oito anos depois de ter aparecido pela primeira vez em livro, Lobato ainda lembra com carinho do boneco e o coloca no grupo de personagens a serem lembrados pela menina no futuro. Deixando a mensagem: "Ninguém no mundo conhece como eu, a dor da feiúra".

A imagem 1, que segue, é um dos poucos registros em que temos a escrita de próprio punho de Monteiro Lobato que, por considerar a sua caligrafia incompreensível, procurava utilizar sempre a máquina de escrever. Nota-se nesse registro a tentativa do escritor de personalizar a escrita de cada personagem, utilizando caligrafia diversa e características específicas de cada um, como se elas estivessem escrevendo para a menina. A mensagem do boneco retoma uma de suas características tantas vezes anunciada no livro *O irmão de Pinóquio*: a sua feiura.

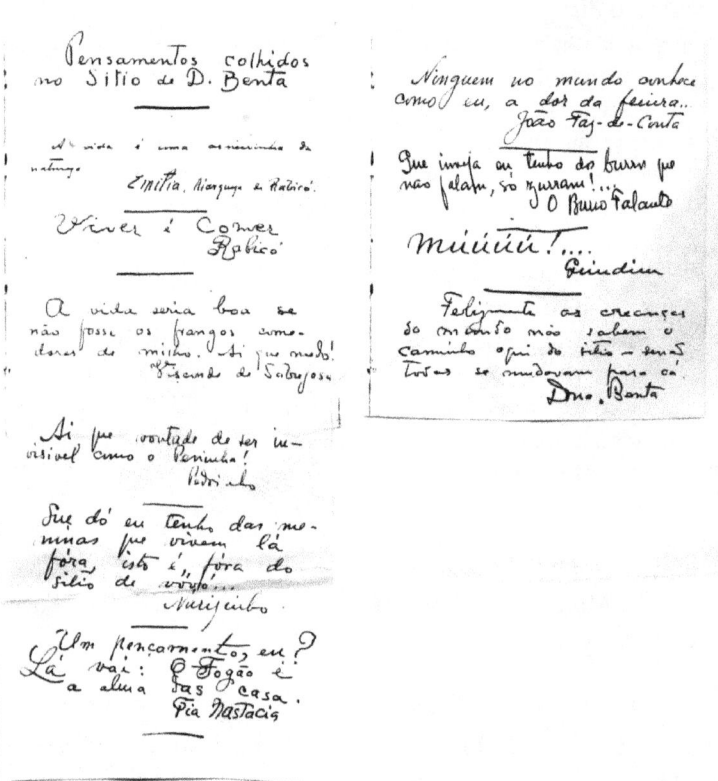

Imagem 1: Álbum de autógrafos da Menina Hilda

Fonte: Acervo particular da autora

## Encerra-se o texto, mas não se encerram as leituras: das possibilidades

Acreditamos que Monteiro Lobato (1993) ao publicar o seu *O irmão de Pinóquio* testa junto ao seu público a possível recepção da história de Collodi, que em 1933 é traduzida por ele. Sua construção discursiva interpela o leitor e faz com que ele assuma uma posição frente ao narrado: a possível piedade pelo boneco João Faz-de-Conta se esvai e ele assume o papel heroico ao salvar a menina Narizinho dos ferrões da vespa-fada.

Dois mundos ficcionais se fundem: o mundo real (do Sítio do Picapau Amarelo) e o mundo onírico (do maravilhoso da floresta). E somos levados a adentrar estes espaços como se fossem distintos e mesmos: onde tudo é possível de acontecer. O único momento em que o personagem Pinóquio, de Coloddi, é comparado ao personagem João Faz-de-Conta, criado por Tia Nastácia (e por Lobato), é feito pela menina Narizinho que o coloca a frente da criação italiana por ser mais sensato, valente e leal.

Diferentemente de Pinóquio que recebe como redenção a humanização, João Faz-de-Conta, o herói de boa índole, torna-se humanizado no espaço onírico, envolto pelo sonho de Narizinho, e refeita a travessia para o mundo do Sítio o boneco volta a sua condição de ser inanimado, sem vida e sem voz.

Lobato (1993) não trouxe o boneco de pau à cena narrativa novamente, como o fez a outras personagens, mas se constata a sua permanência nos registros do escritor que oito anos depois ainda cita o boneco e sua feiura em álbum de autógrafos de uma leitora, deixando transparecer o carinho que tinha por este personagem.

## Referências

Arroyo, L. (1968). *Literatura infantil brasileira:* ensaio de preliminares para a sua história e suas fontes. São Paulo: Melhoramentos.

Azevedo, F (2013). *Clássicos da literatura infantil e juvenil e a educação literária*. Guimarães: Opera Ominia.

Bakhtin, M. (1993). *Questões de literatura e de estética:* a teoria do romance. 3ª. ed. São Paulo: HUCITEC.

Cagneti, S. (2013). Emília e Pinóquio: de bonecos falantes a seres conscientes. In S. de S. Cagneti. *Leituras em contraponto: novos jeitos de ler* (pp.47-51). São Paulo: Paulinas.

Coelho, N. N. (2000). *Literatura infantil:* teoria, análise, didática. São Paulo: Moderna.

Debus, E. (2004). *Monteiro Lobato e o leitor, esse conhecido*. Florianópolis: UFSC/Univali.

Lobato, M. (1945). Diálogos de Dona Benta e Narizinho. *A voz da Infância:* órgão da Biblioteca Infantil do departamento Municipal de Cultura, São Paulo, dez.

Lobato, M. (1964a). *A onda verde e O presidente negro*. 11ª. ed. São Paulo: Brasiliense.

Lobato, M. (1964b). *A barca de Gleyre*. São Paulo: Brasiliense. v. 2.

Lobato, M. (1972). *Mundo da lua e miscelânea*. 14ª. ed. São Paulo: Brasiliense.

Lobato, M. (1993). O irmão de Pinóquio. In M. Lobato. *Reinações de Narizinho*. Ilustração de Manoel Victor Filho. 50ª. ed. São Paulo: Brasiliense.

Lobato, M. (1994). *Memórias da Emília*. 42ª. ed. São Paulo: Brasiliense.

# Doutoramento em Estudos da Criança

O Ciclo de Estudos conducente ao *Grau de Doutor em Estudos da Criança* tem a duração de 3 anos (em regime de tempo inteiro, com 6 semestres curriculares) e de 5 anos (em tempo parcial para estudantes-trabalhadores), num total de 180 ECTS.

Apresenta, de acordo com a legislação em vigor, uma estrutura curricular em 5 áreas de especialização:

- *Educação Física e Saúde Infantil* (Educação Física e Lazer, Saúde Infantil)
- *Infância, Desenvolvimento e Aprendizagens* (Matemática Elementar, Metodologia e Supervisão em Educação de Infância, Psicologia do Desenvolvimento e da Educação)
- *Educação Artística* (Educação Musical, Educação Dramática, Comunicação Visual e Expressão Plástica)
- *Educação Especial* (Inclusão e Necessidades Educativas Especiais, Intervenção Precoce)
- *Infância, Culturas e Sociedade* (Sociologia da Infância, Direitos da Criança, Políticas Públicas para a Infância, Literatura para a Infância).

## Contatos

Universidade do Minho
Instituto de Educação
Campus de Gualtar
4710-057 Braga
Tel.: 253604240 Fax: 253604659
E-Mail: sec-dout-ec@ie.uminho.pt; sec@ie.uminho.pt;
URL: https://www.ie.uminho.pt


Este Ciclo de Estudos visa, essencialmente, o desenvolvimento de:

- capacidades de compreensão sistemática num domínio científico de estudo;

- competências, aptidões e métodos de investigação associados a um domínio científico;
- capacidade para conceber, projetar, adaptar e realizar uma investigação significativa, respeitando as exigências impostas pelos padrões de qualidade e integridade académicas.

## Acesso a estudos superiores

Uma vez que este curso é de 3º Ciclo, ele confere capacidade técnico-científica para acesso a outros cursos, nomeadamente a formação de Pós-Doc e a Provas de Agregação.